세미오시스 연구총서 07

연향(宴享)의 '함께 먹기'로 본

영조의 식사정치

이 저서는 2010년 대한민국 교육부와 한국연구재단의 인문한국(HK)지원사업의 지원을 받아 수행된 연구임(NRF-2010-361-A00013).

| 세미오시스 연구총서 07 |

연향(宴享)의 「함께 먹기」로 본

영조의 식사정치

연향이라는 「상징적 함께 먹기」를 통해 이루어지는
전근대사회의 「먹기 공동체
(eating community)」의 상징적 소비 방식
그리고 영조의 정치적 의도

엄소연 지음

HU:iNE

/

프롤로그

/

우선 이 책의 출간 배경을 밝혀 두고자 한다. 몇 년 전 같은 연구센터의 서종석 교수님이 '함께 먹기(commensality)'에 대한 공동 연구를 제안했고, 그 성과를 세미오시스(기호 활동)의 관점에서 '매체성(mediality)'과 '물질성(materiality)'의 문제를 다룬 『세미오시스의 매체성과 물질성』(세미오시스 학술총서 7)에 「매체로서의 음식: '먹는 인간'에 대한 시론」과 「연향의 정치학: 영조대 '숭정전갑자진연'을 중심으로」라는 두 편의 글로 실은 바 있다. 매체의 관점에서 전자는 "음식이라는 물질을 '사이 존재'로 규정"해 논의했고 후자는 조선 후기 이후 궁중연향의 프로토콜이 된 '숭정전갑자진연'의 '상징적 힘'을 밝혔다. 성리학의 이념에 따라 까다롭고 복잡한 '의례적 식탁'인 연향의 정재(呈才; 춤과 노래), 도상(圖像), 복식, 기물, 공간, 음식의 배설(排設) 등에 대해서는 여러 학문 분야의 연구 성과에 의지했다.

이 책은 그 후속 연구로 영조(英祖)가 특정 시기(1744년 9월 9일부터 9월 10일과 같은 해 10월 4일부터 10월 7일)에 베풀었던 궁중 잔치들로 한 걸음 더 들어가, 연향의 '함께 먹기'를 통해 그가 행한 '식사정치(commensal politics)'의 특성과 의미를 규명하는 데 목적이 있다. 다시 말해 연향이라는 '상징적 함께 먹기'를 통해 이루어지는 전근대사회의 ‘먹기 공동체(eating community)’의 상징적 소비 방식과 영조의 정치적 의도의 연관성을 살펴보려는 것이다. 마침 이 시기의 연향을 상세히 담은 그림들이 전하고 있어 논의를 구체화시킬 수 있었고, ‘연향정치’와 영조를 논구한 글들의 도움을 받았다.

먼저 제1장에서는 본격적인 논의에 앞서 왕의 음식과 식사, 연향을 성리학적 이념과의 관계에서 조망한다. ‘성리학적 제왕학(帝王學)’을 준거로 식욕과 탐식 등이 경계의 대상이 된 배경과, 연향이 왕이 구현해야만 할 예치(禮治)·덕치(德治)·왕도(王道)의 주요 기제로 정위하게 된 이유를 개괄해 본다. 또한 연향의 ‘함께 먹기’에서 숭절검(崇節儉)이란 행동양식이 갖는 의미를 살펴본다.

제2장에서는 연향의 제도적 측면[禮制]이 정비되면서 구축된 절차·예법·종류 등이 규범적 질서로 자리 잡는 양상을 논의한다. 특히 연향에서 이루어지는 ‘연(燕·宴: 음식 등을 내려 주다)’과 ‘향(享: 음식 등을 받들어 올려 주다)’의 상징적 소비 방식에서 음식의 ‘주고받는 행위’에 주목하고, 이를 모스(M. Mauss)의 증여론의 관점에서 ‘주기-받기-답례하기’로 유형화해 ‘함께 먹기’의 의미 구조를 고찰해 본다.

제3장에서는 조선 중기 이후 정치사회적 변화가 초래한 명분론적 예(禮)의 강화가 왕에게 요구한 내적 태도와 조선 후기의 연향이 간소한 진연(進宴)으로 정착된 정황을 살펴본다. 이에 따라 진연이 국정 운영을 위한 실질적 도구로 작동하면서, ‘함께 먹기’가 집단적 질서를 재조정·재확립하는 매체로 작동하게 되는 ‘식사정치’의 배경을 논의해 보려고 한다.

영조 20년(1744) ‘입(入)기로소-숭정전갑자진연-기로연’의 ‘함께 먹기’를 다룬 제4장부터 제7장까지가 그의 ‘식사정치’에 대한 이 책의 본론이라 할 수 있다. 제4장에서는 일련의 연향을 베풀기까지 영조가 처했던 정치적 환경과 이를 극복하기 위한 그의 방안을 다룬다. 당시 정국을 주도하던 사림(士林)이 주창한 '군주성학론(君主聖學論)'의 '의리적 정치론'에 맞선 영조의 '군사(君師)'의 '군부일체론(君父一體論)'이 통치의 요체로 구축된 과정을 제시한다. 제5장에서는 입기로소 때 베풀어진 '형식적 함께 먹기'의 상징적 의미를 살펴본다. 영조가 효[繼述]와 전례(前例)의 준수로 자신의 정체성을 강화·영속화한 동시에 신하들에게 직접 궁중에서 제조한 술을 내리는[親臨宣醞] '함께 먹기'를 통해 성군(聖君)의 이미지로 정체성을 재생산한 정치적 행위를 고찰해 본다. 제6장은 '숭정전갑자진연'의 '의례적 함께 먹기'에 나타난 '식사정치'의 정치적 함의에 대한 것이다. 이 진연의 준비 과정에서 영조가 특히 절음식[節食] 및 감선(減膳; 음식의 가짓수를 줄임)의 '절감행(節減行)'을 강조한 이유, 진연이라는 '의례적 함께 먹기'를 통해 가시화된 수직·수평의 공간 질서의 결속, '함께 먹는 집단(commensal constellations)'의 선별 등 영조의 정치적 의도가 개입된 '식사정치의 장소'로서 그 의미를 살펴본다. 제7장에서는 기로연의 '선택적 함께 먹기'가 내포한 '식사정치'를 조망한다. 영조가 소수의 특정 신하들에게만 '음악[樂]·춤[舞]·음식[膳]'을 선물해 '함께 먹기'를 반복한 점, 이들에게만 밤새 취할 수 있는 특권을 허용한 점 등이 영조의 정치적 목적과 어떤 관련성을 갖는지 논의한다.

음식이라는 물질을 특정 방식으로 함께 나눠 먹는 연향 자체가 예법으로 통치 질서를 가시화하는 고도의 정치 행위이지만, 영조만큼은 이를 자신의 뚜렷한 정치적 의도와 목적을 위한 매체로 활용하는 '식사정치'에 탁월했다고 볼 수 있었다. 이 책을 출간하기까지 긴 시간 동안 곁에서 도움을 주신 분들께 감사의 마음을 전하며, 이 책이 후속 논의에 미미하나마 참고가 될 수 있기를 바라 마지않는다.

차례

제1장

음식, 연향, 성리학:
'함께 먹기'의 이념

궁중연향(宮中宴享, 이하 연향)은 '조선 왕실의 잔치'[1]라는 뜻이다. 왕실 잔치는 고대 제천의례(祭天儀禮)[2]를 연원으로 한다. 제정일치(祭政一致)의 사회에서 제장(祭長)은 부족장이었고, 봉헌물(奉獻物)로서의 음식은 신성한 절대성의 매체로 음주가무(飮酒歌舞)의 '함께 먹기'를 통해 피지배자들과 공유되었다. 국가 체제가 형성된 삼국시대 이후의 왕실 잔치에서는 중요 정사(政事)가 함께 처리되었으며[3] 고려 시대에는 연(宴)·곡연(曲宴)·향(享)·포(酺)·향(饗) 등의 '국왕 잔치'가 군신화락(君臣和樂)과 여민동락(與民同樂)을 위해 열렸다.[4]

이러한 왕실 잔치의 역사는 각 시대의 최고 권력자가 그 절대성의 근거를 '신적 존재와의 관계'에 두고, 여기서 부여받은 '힘'의 매체인 음식[물질]을 비일상적 또는 정치적 '사건'을 계기로 삼은 상징적 소비 방식의 의례적(儀禮的) 함께 먹기[행위]로 정치적·사회적 결속을 다지는 공통된 양상을 보여 준다. 짐멜(G. Simmel 1910, 143)이 언급했듯 "공동 식사는 생리학적으로 원초적이고 불가피하게 보편적인 사건을 사회적 상호작용의 영역과 초개인적인 의미의 영역으로 고양"시킨다.

봉건시대의 군주는 '최고의 밥상'을 받는 자이다. '최고'의 정당성은 절대적 권위에서 비롯하며 '옥식(玉食)'[5]이란 용어로 신하와 차별된다.

> 오직 임금이라야 복을 짓고
> 오직 임금이라야 위엄을 지으며
> 오직 임금이라야 玉食을 하나니
> 신하이면서 복을 짓고
> 위엄을 지으며
> 옥식을 하면
> 반드시 집에 해롭고 나라에 흉하다.[6] [진한 부분은 필자가 강조하기 위한 것임. 이하 같음]

즉 "음식은 '우리'와 '남'을 인식하게 만들고 또 그 다름을 드러내는 중요한 상징으로 작용한다"[7] 조선 시대 왕의 절대성은 '천명(天命)을 계승한 정통자(正統者)'란 성리학의 이념에서 비롯된다. 왕의 식사는 궁중 조리 체계로 특별히 관리되었으며 일상식[수라상(水剌床)](그림 1)[8]과 비일상식[제례식(祭禮食)/가례식(嘉禮食)/연향식(宴享食)의 대전어상(大殿御床)]으로 구분해 식사 용어는 물론 먹는 횟수, 재료, 찬품(饌品: 반찬) 종류 및 가짓수, 방식, 도구 등이 차별화된다.

그림 1. 수라상, 국립민속박물관

수라상은 표면적으로 이른바 '혼밥'이지만, 땅[王土]과 백성[王臣]의 지배자인 왕이 음식을 통해 백성들의 노고를 살피고 만나는 성덕(聖德)의 '상징적 함께 먹기'라 할 수 있다. 수라상은 또한 '옥식'이나 산해진미(山海珍味)로 차려진 '탐식의 식사'가 되지 않아야 한다. 천명이 부여한 성리학적 제왕(帝王)에 합당한 '이념의 식사'여야 한다. 음식은 식욕이나 탐식이라는 인간의 욕망과 직결된 것으로 임금의 덕을 저해할 여지가 있는 '물질'이기 때문이다. 예컨대 조선왕조는 '왕조가 마땅히 행해야 할 10가지 일[事宜十條目]'[9] 중 6번째 조목에서 '화려한 음식에 대한 욕망(飮膳之欲其麗)'을 다음과 같이 경계하고 있다.

> 여섯째는 **안일(安逸)과 욕망을 경계하는** 일입니다. 『서경(書經)』에 '안일과 욕망으로써 나라에 본보이지 말라' 했으니, 안일과 욕망이 덕(德)을 해치는 것은 어찌 한 가지일 뿐이겠습니까? 궁실(宮室)은 편안하게 거처하고자 하고, **음식은 화려하게 먹고자 하고**, 비빈(妃嬪)·잉첩(媵妾)의 시중과 재미로 하는 사냥의 즐거움과 개[狗]·말[馬]을 기르는 것과 화초(花草)를 완상(玩賞)하는 것도 **모두 사람의 천성[人性]을 해치고 사람의 정욕[人情]을 방탕하게 하니 삼가지 않을 수 없습니다**. 더구나, 천명(天命)은 무상(無常)해 덕(德) 있는 사람을 돕게 되니, 만약 털끝만 한 기미(幾微)를 살피지 못하고, 경각(頃刻)에 조심함이 있지 않아서, 일념(一念)의 작은 생각도 혹시 일욕(逸欲)에 빠진다면 하늘의 시청(視聽)이 실로 두렵습니다.

왕의 절대적 정당성은 하늘[天命]이 부여한 것이니 그 뜻에 합일하려는 덕치(德治)로 왕도정치(王道政治)가 가능한데, 화려한 음식을 탐하는 안일·욕망·일욕의 정욕(情欲)이 천성(天性)을 해쳐 하늘의 도움을 받지 못하게 한다는 '성리학적 제왕학(帝王學)'을 반영한 것이다.

고려 말기의 폐단에 대한 반동으로 개국한 조선은 성리학을 국가 통치 이념으로, 사대부를 지배 집단으로 했다. 조선의 위정자(爲政者)들은 이러한 역사적·정치적·이념적 필연성에 따라 이학(理學: 유학의 형이상학적 탐구) 및 『주례(周禮)』(사회윤리와 예 강조)[10]를 근간으로 한 주자성리학[朱子性命義理之學: 道學[11]]을 적극 수용, 오랫동안 사회적 가치 규범으로 자리해 왔던 유학의 학문적·논리적 체계를 발전시켜 국가 지배 이념을 공고히 했다. 따라서 유학의 기본 경전인 오경(五經)[12]의 경학(經學)이 중시되었고, 『서경(書經)』「무일편(無逸編)」[13]·「홍범편(弘範編)」[14]이 군주의 도리로 강조되었다.

연향이 조선 왕실의 의례 중 하나라는 것은 곧 연향이 성리학이란 국가 이념의 맥락 속에 정위하며 이를 준수·실천해야 할 철학적·규범적 당위성을 갖는다는 뜻이다. 따라서 연향을 파악하기 위해서는 먼저 성리학의 원리에 대한 이해가 선행해야 한다. 이를 위해 조선 성리학의 기틀을 마련한 권근(權近, 1352~1409)이 쓴 『입학도설(入學圖說)』[15]의 <천인심성합일지도(天人心性合一之圖)>를 살펴보도록 하자. (<도식 1>은 <그림 2>의 주요 개념을 필자가 간추려 그린 것이다).

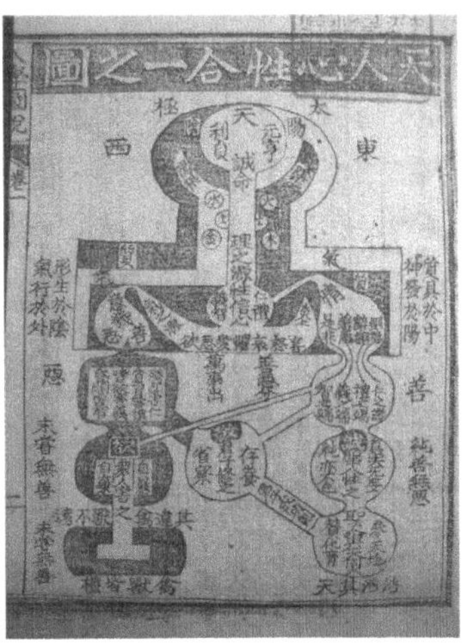

그림 2. <천인심성합일지도> 『입학도설』, 권근, 목판본, 국립중앙도서관(한국고전적종합목록시스템)

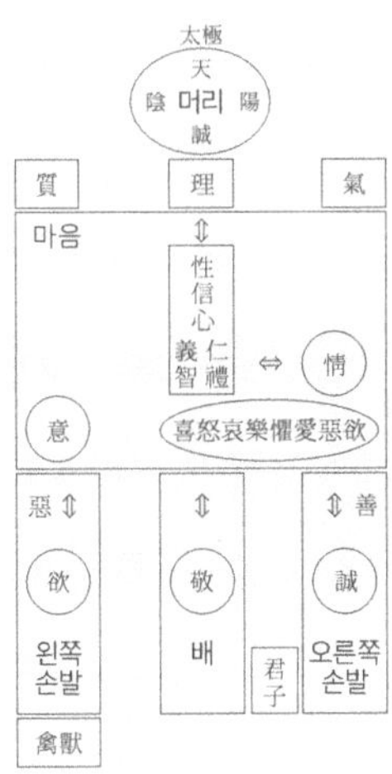

도식 1. <천인심성합일지도>

여기서 권근은 우주의 원리인 태극(太極)[16]·음양오행(陰陽五行) 속에 존재하는 사람의 몸에 성리학의 개념들을 도상으로 배치하고 중국 불교의 체용론(體用論)[17]을 원용한 천인관계(天人關係)의 심성론적(心性論的) 구조 및 수양론(修養論)을 제시한다. 즉 사람의 머리에 놓인 천(天)은 "사람과 합일(合一)의 대상으로, 생성과 변화의 본원임과 동시에 그러한 생성성(生成性)을 바탕으로 모든 존재를 수렴하는 동일한 가치의 원천인 리(理)이다". 목과 마음 부분에 그려진 이(理)와 성(性)·신(信)은 인(仁)·의(義)·예(禮)·지(智)[四端: 純善無惡]로 구성된 마음의 본체[體]와 통합된 것이다[理之源性信心]. 다시 말해 "성(性)은 합일의 가능 근거로, 천(天)이 내린 일종의 명령과도 같이 그 리(理)가 인간의 본성으로 전화해 내재한 것이다[性卽理]". 또한 본래적 이(理)는 어깨 부분의 형질적 기(氣)와 성격상 다른 것[不相雜, 決是二物]이나 서로 분리될 수 없는 관계[不相離, 理氣相須]이다. 마음의 본체인 성(性)이 밖으로 드러나면[發] 정[七情: 喜·怒·哀·樂·懼·愛·惡·欲: 有善有惡]이니 양자는 체용일원(體用一源)의 관계가 된다. 마음의 칠정이 선하거나 악하게 되는 계기를 마음의 의(意)의 기미(幾微)에 두고, 이것이 지나쳐 정욕에 빠지면 왼쪽 손발의 끝에 자리한 금수(禽獸)로 전락한다. 앞서 '화려한 음식에 대한 욕망(飮膳之欲其麗)'이 인정(人情: 情欲)과 결부되어 언급된 이유를 알게 해 주는 대목이다.

그렇다면 어떻게 마음을 붙잡아[操] 천성(天性)에 감응할 수 있을 것인가. 이에 권근은 욕(欲)을 오른쪽 손발의 성(誠) 및 배 부분의 경(敬)과 대비시키고, 중인(衆人: 小人)도 기질을 변화시켜 경(敬)과 양지양능(良知良能)[18]으로 존양성찰(存養省察)[19] 하면 성인군자(聖人君子)의 경지에 이를 수 있으므로 지속적인 수양(修養)이 필요함을 주장한다.

이와 같이 권근이 <천인심성합일지도>에서 논의한 성리학은 인간다운 인간의 가치와 주체성을 인간 존재의 본질·구조·근거가 되는 천인 관계의 이

기심성론(理氣心性論)으로 설명함으로써, 천인합일의 이상 사회의 실현 가능성을 제시하고 있다. 이때 마음은 "합일의 실현 근거로서, 본성으로서의 리(理)가 발현의 기틀이 되는 기(氣)와 합해진 것으로 천리를 본체로 하여 인간의 행위를 주재하는 것"이며 성(誠)·경(敬)의 끊임없는 수양을 통해, 궁극적으로는 왕도(王道)를 실현할 수 있는 이론적 근거를 마련한 것이다. 단, 경(敬)을 위한 존양성찰은 격물치지(格物致知)[20]를 동반한 수양(修養)·수기(修己)로 달성된다.

특히 권근은 『입학도설』의 <오경체용합일지도(五經體用合一之圖)>와 <오경각분체용지도(五經各分體用之圖)>에서 경(敬)과 예(禮)의 문제를 본격적으로 다룬다. 그는 <오경체용합일지도>에서 『예기(禮記)』가 행위의 문제를 다루며 행위는 기본적으로 순서에 맞는 절도와 행동양식이나 의복·도구 등으로 문채(文彩)[21] 있게 꾸미는 것이라 제시한 후 <오경각분체용지도>에서는 이를 체용(體用) 구조로 파악해 설명한다. 즉 『예기』「곡례(曲禮)」 첫머리에 제시된 '무불경(毋不敬: 공경하지 아니함이 없다)'이 『예기』의 본체[體]이므로, 예(禮)의 근본 정신이 신(神: 天理)에 대한 경건함 내지 인간에 대한 공경함인 경(敬)[22]에 있다고 말한다. 또한 『예기』의 작용[用]은 '어진 사람들로 하여금 예의 절도를 감히 넘어가지 못하게 하고(賢者不敢過), 어리석은 사람이라 할지라도 노력해 이 절도에 이르도록 하게 하는 것(不肖者企而及)'이라 밝힌다. 예법의 절도는 구체적 행위의 기준으로서 지나치거나 못 미치는 경우 모두를 이 기준에 맞도록 일치시키게 하는 것임을 의미한다.

따라서 예는 '무불경'[體]을 '천리지절문(天理之節文: 예절에 관한 규정·문장)'[23]의 준칙에 따라 실행[用]하는 것으로 개별적 존재의 가례(家禮)[24], 사회의 윤리적 규범, 왕실의 오례(五禮) 및 가례(嘉禮)[25]의 기준이 되는 것이다. 이처럼 성리학적 이념을 근간으로 한 연향은 결국 왕이 구현해야 할 예치(禮治)·덕치(德治)·왕도(王道)의 주요 기제라 할 수 있다.

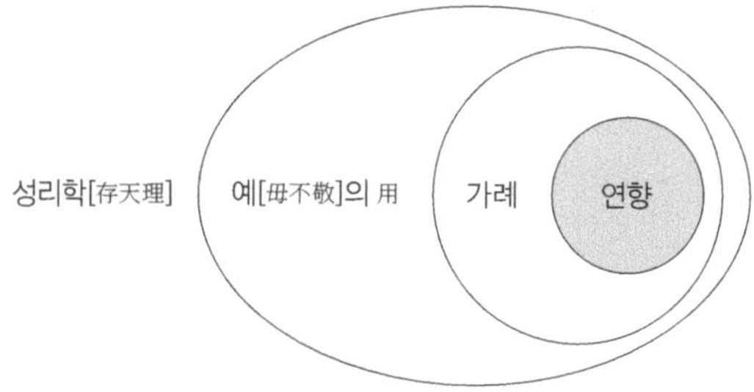

도식 2. 성리학과 연향의 관계망

아울러 예법은 '절도(節度)'에 맞아야 예의 근본정신인 경(敬)으로 천리에 순응할 수 있다는 성리학의 논리는 '숭절검(崇節儉)'의 관념을 강조한다. 예를 들면, '사의10조목' 중 7번째는 연향을 '숭절검'해야 할 일로 규정하고 있다.[26]

> 일곱째는 **절약과 검소를 숭상하는 일[崇節儉]**입니다. 궁실을 낮게 짓고 의복을 검소하게 한 것은 하(夏)나라 우왕(禹王)의 성덕(盛德)이요, 백금(百金)을 아끼고 검은 명주[弋綈]로 옷을 지은 것은 한(漢)나라 문제(文帝)의 아름다운 행실입니다. 그들은 귀(貴)하기로는 천자(天子)가 되었고, 부(富)하기로는 천하를 차지하였는데도 오히려 절약하고 검소함이 이와 같았는데, 하물며, 동한(東韓)의 땅은 산과 바다 사이에 끼여 있어 인민(人民)의 수효와 재부(財賦)의 액수도 얼마 안 되니, 어찌 그 지출과 수입을 헤아리지 않고서 함부로 소비하겠습니까? 고려 왕조에서는 조금만 재변(災變)이 있으면 두려워하고 반성할 줄은 알지 못하고서, 오직 부처를 섬기고 귀신을 섬기는 데만 힘써서 소비한 비용이 이루 다 기록할 수가 없었으니, 이것은 전하께서 환하게 아시는 바입니다. 원하옵건대, 지금부터는 하(夏)나라 우왕(禹王)과 한(漢)나라 문제(文帝)의 **검소한 덕(德)을 본받아 모든 복**

식(服飾)·기용(器用)·연향(宴享)·상사(賞賜)를 한결같이 검약(儉約)한 데에 따르고 부처와 귀신에게 쓰는 급하지 않은 비용은 모두 다 제거하게 하소서. 모든 하는 일을 방종 사치하지 아니하게 한다면, 백성들이 눈으로 보고 감동해 또한 풍속이 후하게 될 것입니다.

이처럼 '숭절검'은 고려왕조의 사치·안일·향락·부패 등의 적폐를 청산하기 위해 주자성리학을 정치 이데올로기로 혁명한 조선왕조 명분론의 행동양식[美事]이며, 연향은 왕의 위엄과 권위를 표상하는 검덕(儉德: 盛德)을 대외적으로 현시하는 주요 매개체의 하나임을 제시하고 있다.

제2장

연향의 체계와 방식: '함께 먹기'의 의미 구조

2.1. 연향의 체계

앞서 우리는 음식과 연향이 조선왕조 개국에 즈음한 성리학의 이념적 측면(권근의 『입학도설』)과 국정 강령의 정치적 측면(「사의10조목」)에서, 군주의 도리(道理)와 연관해 어떤 양상으로 정위되었는지 살펴보았다.

사실 연향과 관련한 오례(五禮)가 집성되어 국가전례(國家典禮)로 명문화된 것은 조선의 개국으로부터 약 1세기 후의 일이다. 이렇게 오랜 시간이 걸린 이유는 형이상자(形而上者: 형상이 없는 것: 道理)부터 형이하자(形而下者: 형상이 있는 것: 器)까지 아우른 성리학의 방대한 예론(禮論)을 기존의 사회윤리 규범 및 정치적·사회적 상황 등과 조율해, 왕조의 권위와 위상을 정립하는 예제(禮制)로 국가 통치 체제 및 지배 질서를 수립해야 했기 때문이다. 조선 최초의 국가전례서인 『세종실록』 「오례」(1454년, 단종 2)의 왕조례(王朝禮: 五禮)에 사서례(士庶禮)[27]를 더해 오례의 세부 항목·절차·예법을 규정한 『국조오례의(國朝五禮儀)』[28] 「가례(嘉禮)」(1474년, 성종 5)와 법전(法典)을 집대성한 『경국대전(經國大

典)』[29] 권3 「예전(禮典)」(1485년, 성종 16)의 성문화된 전례(典禮)를 근거로, 성리학적 예치(禮治)의 지치(至治)[30]를 위한 중앙집권적 지배 체제가 정비되어 명문화된다. 『경국대전』 「서문(序文)」에 이러한 취지가 담겨 있다.

> 예를 기술한 것에 3,300가지의 글이 있지만 그 요점은 길흉군빈가(吉凶軍賓嘉) 5가지의 예를 갖춤으로써 사람의 도리가 구체화되는 것이니 천하 국가를 다스리려는 자가 이를 버리면 다른 할 일이 없는 것이다.

따라서 조선 시대의 유교적 예제(禮制)는 "최고의 권위와 타당성을 지니는 규범 질서로 간주되었고, 국가 통치를 위한 각종 제도와 백성의 생활을 규율할 수 있는 효과적인 규범 통제의 장치가 되었다".[31]

그렇다면 가례(嘉禮)는 어떤 내용인가. 『국조오례의』는 『예기』[32]를 근간으로 상하의 '만민화친(萬民和親)'을 도모하기 위해 6가지로 나눈다. 첫째, 식음례(食飮禮)는 인군(人君)이 음식의 예와 음주의 예로 종족 형제들을 친하게 하는 연회를 뜻한다. 둘째는 혼관례(婚冠禮)로 혼례와 관례이다. 혼인의 예는 근본이며 관례는 예의 시작이다. 셋째, 빈사례(賓射禮)이다. 왕이라 해도 빈주(賓主)[33]를 세워야 한다. 넷째는 향연례(饗宴禮)로 빈객(賓客: 귀한 손님)은 조빙자(朝聘者: 조정의 신하와 사신)이다. 종족 형제에겐 다만 식음례로 친함을 나타낼 수 있으나 사방의 빈객은 풍성한 향연의 예로 공경함을 보여야 한다. 다섯째, 신번례(脤膰禮)의 신번은 사직과 종묘의 제사에 올리는 고기이다. 선왕(先王)을 함께 모시는 형제의 나라들에게 이 제물을 나누어 주어 친하게 하는 의식을 뜻한다. 여섯째는 하경례(賀慶禮)이다. 왕실의 외척인 이성(異姓)의 나라에 대해서는 형제의 나라와 다르기 때문에 반드시 문사(文辭)로써 뜻을 전달하는 하례(賀禮)가 필요하다.[34]

한편 『경국대전』 「예전」의 '연향조(宴享條)'에는 매년 행한 정례적 진연(進宴)[35] 6가지와 비정례적 진연 1가지를 규정하고 있다. 정례로 행하는 연향으로는 첫째, 단오·추석·행행(行幸)[36]·강무(講武)[37] 후, 의정부와 육조에서 베푸는 잔치(왕세자 및 왕세자빈의 생신에도 같음), 둘째는 해마다 4계절의 중간 달에 충훈부(忠勳府)[38]에서 베푸는 잔치[적장자손(嫡長子孫)도 참석], 셋째, 매년 2번 종친부(宗親府)[39]와 의빈부(儀賓府)[40]에서 베푸는 잔치, 넷째는 매년 1번 충익부(忠翊府)[41]에서 베푸는 잔치, 다섯째, 매년 정조(正朝: 설날아침) 혹은 동지에 행하는 회례연(會禮宴: 신하들을 위로하는 잔치, 왕세자 및 문무관이 모두 잔치에 참석. 왕비는 내전에서 잔치를 베풀며 왕세자빈 및 내·외명부가 모두 참석), 여섯째로 매년 계추(季秋)에 행하는 양로연(養老宴: 대소인원의 나이 80 이상인 자가 잔치에 참여. 부인들에게는 왕비가 내전에서 잔치를 베풂. 지방에서는 수령들이 내·외청에 따로 자리를 마련해 잔치를 행함)이다. 또한 비정기적 연향에는 관찰사·절도사·중국에 가거나 이웃 나라에 가는 사신 및 진전원(進箋員)[42]에게 왕이 예조에서 베푸는 잔치가 있다.

이러한 조선 전기의 연향은 "절기에 따른 통과의례가 잔존하는 특별행사의 뒤에 왕이 여는 국가적 차원의 대규모 예연(禮宴: 大宴)의 성격이 강하며 주로 채붕(綵棚)[43]과 진풍정(進豊呈)[44] 형식으로 실행된다. 또한 종묘(宗廟: 왕가의 사당)처럼 임금을 신성시해 신하들이 임금에게 올리는 풍정·회례연 등이 행해지고, 가묘(家廟)와 같은 원묘(原廟: 別廟)[45]처럼 왕실 내에서 소규모로 행해지는 곡연(曲宴)[46]이 있었다. 이러한 가운데 군신 관계를 표현하는 회례연을 본받아 사제 관계를 표현하는 양로연이 스승 공경의 의례로 행해진다. 그러나 이러한 잔치들은 낭비가 심해지기 때문에 점차 풍정이나 회례연보다 규모가 작은 진연(進宴)으로 바뀌어 갔다."[47]

지금까지 우리는 연향이 성리학의 틀에서 음식을 매체로 한 의례적 함께 먹기를 통해 '나'와 '대상'을 관계 짓고 분별하는 행위이며, 함께 먹는 시기·

장소·대상·이유 등과 관련한 절차와 예법에 따른 분류가 그 종류임을 알 수 있었다. 따라서 음식을 함께 먹는 상징적 소비 방식의 '주고받는 행위'에 중점을 둘 때, 연향에서 이뤄지는 '함께 먹기'의 의미 구조를 규명할 수 있다고 보고, '연(宴: 음식 등을 내려 주다)'과 '향(享: 음식 등을 받들어 올려 주다)'의 동사로 결합된 '연향(宴享)'의 용어적 의미를 단초로 논의해 보고자 한다.

2.2. 연향의 방식과 유형

우선 연향(宴享)과 혼용된 연향(燕享)을 살펴보면, '연(燕)'은 함께 어울려 마시는 합음(合飮)을 뜻하며 연례(燕禮)[48]는 군신(君臣)의 의(義)를 세울 수 있게 하는 일이다.[49] '군신유의(君臣有義)'[50]를 위해서는 '임금이 (먼저) 의로워야 신하가 충성한다(君義臣忠)'는 군신 간 윤리적 쌍무 관계가 전제되어 있다. 이처럼 연향(燕享)은 유교적 성격의 '연(燕){연(宴)-치주(置酒: 술자리)}-향(享)'으로 구성되며[51] 특히 군신 간 의리와 공경을 위한 주연(酒宴)에서 술과 안주는 '함께 먹기'의 주요 매체가 된다. 예를 들면, 정도전(鄭道傳, 1342~1398)은 『조선경국전(朝鮮經國典)』[52]에서 연향(燕享)이 군신 관계에 있어 주요한 것임을 상세히 밝히고 있다.[53]

> 인군(人君)과 신하는 엄숙하고 공경함을 주로 삼는다. 그러나 한결같이 엄숙하고 공경하기만 하다면, 자연히 서로 사이가 멀어지고 정이 서로 통하지 않게 된다. 그러한 까닭에 선왕은 **연향(燕享)의 예(禮)**를 만들어서, 친할 경우에 빈주(賓主: 빈객과 주인)라 부르고, 존경할 경우에 제부(諸父)·제구(諸舅)[54]라고 부르기도 하였다. 연향을 열 때는 음식을 풍부

하게 차리고 은근한 태도로 가르침을 희망하였다.

『주시(周詩)』(『詩經』의 별칭)에,

"종과 북을 설치하고 하루아침에 연회를 베풀어 대접한다"[55]

하였고, 또,

"사람들이 나를 어여삐 여기어 나에게 대도(大道)를 보여 준다"[56]

라고 한 것은 바로 이것을 말한 것이다.

우리나라에서는 예빈시(禮賓寺)[57]를 설치해 연향을 관장하게 하였는데, 그 술잔을 올리는 횟수의 빈도와 안주를 풍부하게 차리고 적게 차리는 데 있어서는 일정한 제도가 있으니, 지금 모두 적는다.

한편 정도전은 연향(宴享)에 관해, 예전(禮典)에서 의례의 원칙을 제시하고, 예(禮)의 핵심은 질서이며 질서는 상하 차등을 전제로 하되 상하가 서로 협력하는 조화 관계를 중시한다. 이에 연향(宴享)은 "화락(和樂)을 주로 하니 빈객(賓客)이 올리면 주인은 이에 응수하고, 주인이 음식을 권하면 빈객이 먹는다. 음식으로 즐기며 종척[宗戚: 왕의 종친(宗親)과 외척(外戚)]과 화목하고 신린[臣隣: 임금을 보필(輔弼)하는 신하끼리의 처지]과 친애하는 것이니, 이것이 곧 연향의 질서이다."[58]

위와 같이, 연향(宴享)은 예법에 따라 종척과 신료가 먼저 왕에게 올려 주면, 왕이 이에 응하고 다시 답례하는 구조로, 이를 통해 상호화락과 상하 질서의 조화를 도모하는 '함께 먹기'의 행위라고 할 수 있다. '악(樂)'은 예(禮)와 상보적 관계로 예의 절(節)과 악의 화(和)를 조절해 치국(治國)하는 유교적 예악관(禮樂觀)[59]을 반영하고 있다.[60] 이에 비해, 군신 간 의리에 중점을 둔 연향(燕享)은 왕이 신하에게 술과 음식을 대접하는 '함께 먹기'로 신분적·정치적 긴장 관계를 완화하는 한편, '군신주경(君臣主敬)'[61]의 도리를 궁구하는 공감대를 강조한다. 그럼에도 불구하고 합음을 위한 술과 안주의 수·양·절차 등에 차별을 둠으로써, 상하 차등의 정치적·사회적 질서를 반영하고 있다.

이러한 맥락에서 연(宴)·향(享)·연향(燕享)·연향(宴享)의 '함께 먹기'를 통해 실행되는 상징적 소비 방식을 모스의 증여론(M. Mauss, 1924)[62]을 적용해 논의함으로써, 그 행위 구조를 유형화하고, 이면에 있는 의미를 파악해 보고자 한다. 주지하듯 모스는 원시·고대·부족사회의 관행 같은 사회적 단위들을 "총체적 사회 현상(phénomène sociale totale)"과의 관계에서 이해했고, 여기서 발생하는 선물(gift)의 자발적·의무적 '주기(제공)-받기(수령)-답례하기'의 행위가 "총체적 급부 체계(le système des prestation totale)"[63]의 기본요소이며, 이러한 '증여-교환(gift-exchange)체계'는 권리와 의무를 동반한 호혜성(互惠性)과 '후한 인심'을 특징으로 한 사회 유지·결속의 힘이자 사회생활의 기본 원리로 보았다. 이는 연향(燕享·宴享)의 '함께 먹기'에서 음식을 올려 주고[享] 음식을 내려 주는[燕·宴] 선물 교환을 통해 상호화락과 쌍무적 군신 관계[君義臣忠]를 기반으로 국가 운영 질서를 구축하고 정치적·사회적 안정을 도모하는 연향과 유사하나고 볼 수 있다. 단, 연향은 '주는 쪽(수여자)'과 '받는 쪽(수혜자)'이 대등한 경쟁 관계가 아닌 위계적으로 고정된 위치에서 이뤄진다. 그러므로 적대적 경쟁, 부와 재화의 교환, 과다한 소비에 치중하기보다는 성리학을 기반으로 한 이념적·정치적 쌍무 관계로 이뤄지는 차이가 있다.

이 책에서는 조선 초기의 연향을 크게 '향(享)'과 '연(燕·宴)'으로 구분하고, 함께 먹기 행위의 선물 교환에 중점을 둔 '주기-받기-답례하기'로 유형화해 그 의미 구조를 고찰해 보고자 한다.[64]

2.2.1. 향(享: 음식 등을 받들어 올려 주다)

원래 중국 왕실 의례인 향례(享禮)는 향식(享食)으로 음식을 나누는 자리

[65]로 국왕이 '향'하는 음식은 체천(體薦)[66]이며 그 대상은 공(公)[67]이다.[68] 우리 나라의 경우 고려 후기의 '향'은 국왕이 아닌 신하가 음식을 올리는 예(禮)이며[69] 조선 초기에는 검덕(儉德)을 지향한 공검(共儉)의 예(禮)로 실행된다. 이러한 사실(史實)을 토대로 '향(享)'을 유형화한 것이 [표 1]이다.

[표 1] 향(享)의 의미 구조 유형

유형	관련 용어	주는 쪽(G)	받는 쪽(R)	특징	의미
T-1	향상(享上)/향중궁(享中宮)/설향(設享)	공신·공신 부인	왕	· 봉상상수(奉觴上壽)[70]	· 군신유의(君臣有義) → 화락(和樂)
	설향(設享)	관청	왕	· 답례-왕이 재상에게 모의(毛衣)와 모관(毛冠) 내려 줌	
		지방관리	태상왕(太上王)[71]	· 답례-태상왕이 연구(聯句)[72]로 창화(唱和)	
T-2	향상왕(享上王)	왕+공후(公侯)	상왕(上王)[73]	-	· 부자유친(父子有親) → 지효(至孝: 大孝) · 군신유의 → 화락
	설향	세자+대군(大君)+부마+종친	왕·왕비	· 세자가 입직 대소 신료에게 술 내림	· 부자유친 → 지효 · 곤제유서(昆弟有序) → 우애
T-3	설향 → 풍정(豊呈)	학사(學士)[74]	왕+재상	· 학사가 왕의 참석 권함	· 군신유의 → 화락, 군신지정(君臣之情)
T-4	풍정	노상왕(老上王)+대비(大妃)+왕비	왕	· 풍정 의미변화(풍속 → 왕에게 음식을 차려 바치는 것)	· 부자자효(父慈子孝) → 친애(親愛)
	진풍정(進豊呈)	왕	상왕/대비전	-	· 부자유친 → 지효
		상왕/종친/대신	왕	-	· 부자자효 → 친애 · 군신유의 → 화락

유형	관련 용어	주는 쪽(G)	받는 쪽(R)	특징	의미
T-5	헌수(獻壽)	세자/ 종친/ 신하	왕	· 국왕탄일 · 음주 의식 - 9헌례(九獻禮), 행주(行酒)	· 부자유친 → 지효 · 곤제유서 → 우애 · 군신유의 → 화락
T-6		공신+ 적장자 (嫡長者)	왕	· 음주 의식 - 9헌례, 행주, 세자 진작(進爵) · 신하 - 시연(侍宴)[75] · 답례 - 공신에게 내구마(內廐馬) 20匹,적장공신(嫡長功臣)에게 상의원(尙衣院)의 표리(表裏)[76] 내려줌	· 부자유친 → 지효 · 군신유의 → 화락

[표 1]을 정리하면 '향'의 의미 구조는 모두 6개 유형으로 구분된다. 즉 'T-1'의 '주는 쪽(G)'은 주로 신하들이며 '받는 쪽(R)'은 왕이나 태상왕으로 상호화락을 도모한다. R은 G에게 귀한 물품이나 시(詩)를 답례하기도 한다. 'T-2'의 G는 왕과 귀족 또는 세자를 비롯한 왕실 인사들이며 R은 상왕·왕·왕비이다. 이를 통해 효와 우애를 두터이 한다. 'T-3'에서 G는 R의 학사로 R에게 구례(舊禮)인 풍정을 올려 군신지정(君臣之情)의 화락을 추구한다. 'T-4'는 풍정·진풍정이 '왕(R)에게 음식을 차려 바치는 것'으로 의미가 고착되는 가운데, G는 주로 R의 부왕(父王) 등으로 부자자효(父慈子孝), 즉 부모가 먼저 자식에게 자혜(慈惠)를 보이면 자식이 효도를 다한다는 윤리적 쌍무 관계를 반영하고 있다. 'T-5'는 왕(R)의 탄일이라는 특별한 날에 G(세자·종친·신하들)가 9헌례[77], 행주[78]의 음주 의식을 설행해 하경(賀慶)의 도리를 보인다. 또한 'T-6'는 'T-5'의 변형이라 할 수 있는데 공신 및 그의 적장자(G) 외에 신하들이 배석하는 예법이 처

음 등장하고, 왕(R)에게 올리는 음주 의식과 별도로 왕세자의 진작(進爵: 술잔을 올리는 것)을 실행, 대효(大孝)와 상하 화락을 함께 나타낸다. R은 G에게 왕실용으로 제한된 말과 옷감을 선물하는 '후한 인심'으로 답례한다.

결국 '향'의 예(禮)는 음주와 음식을 나누는 자리를 통해 화합과 검덕을 실천함으로써, 왕을 중심으로 한 혈연적·정치적·사회적 관계의 성리학적 지배 질서를 구축하기 위한 것이라 할 수 있다.

2.2.2. 연(燕·宴: 음식 등을 내려 주다)

'연(燕)'에 관해 살펴보면, 『시경(詩經: 毛詩)』은 "군신가빈(群臣嘉賓)에 대해 음식으로 하는 잔치이며, 그런 후에야 충신과 가빈(嘉賓: 반가운 손님)이 그 마음을 다함을 얻을 수 있다"[79] 하고, 『예기』는 연례(燕禮)를 "음주의 예(禮), 명신례(明臣禮)이자 명군상례(明君上禮)로 결국 명군신지의(明君臣之義)에 해당한다"고 정의한다.[80]

한편 '연(宴)'에 관한 내용은 『춘추좌전(春秋左傳)』의 "제후가 천자를 조정(朝正)[81]하면 천자는 그들에게 연락(宴樂)하고 이에 담로(湛露)[82]를 읊었다"[83]와 "향(享)은 공검(共儉)을, 연(宴)은 자혜(慈惠)를 보이는 것이며 공검으로 예(禮)를 행하고 자혜로 포정(布政)하면 예가 이루어지고 백성은 안식할 것이다"[84] 그리고 연례(宴禮)는 '왕이 절조(折俎)[85]하고 경(卿)[86]에게 행하는 왕실례(王室禮)[87]' 등이 있다.

앞서 연향(燕享)과 연향(宴享)을 대비할 때 언급했듯, '연(燕)'은 군신지의(君臣之義)를 위한 음주지례(飮酒之禮)의 성격이 강한 데 비해, '연(宴)'은 '향'과 연동해 은혜로운 마음으로 정치를 베푸는 검덕과 성덕(聖德)의 예(禮)로 왕권의 안정을 현시하는 군주의 도리를 강조하고 있다. 이러한 배경에서 조선 초기 '연'의 의미 구조를 선물 교환의 관점에서 정리한 것이 [표 2]이다.

[표 2] 연(燕·宴)의 의미 구조 유형

유형	관련 용어	주는 쪽 (G)	받는 쪽 (R)	특징	의미
T-1	군신연(群臣宴)[88]	신하	왕	· 성절(聖節)[89] 축하 의식	· 가경(嘉慶) 축하
		왕	신하	→ 음식, 음주, 악무(樂舞)	· 군신유의 → 화락
		신하	왕	· 국왕탄일 하례(賀禮), 상수(上壽)	· 가경 축하 · 효(孝)
		왕	신하	→ 음식, 음주, 악무	· 군신유의 → 화락
		신하	왕	· 신궁낙성 축하(종묘제향)	· 가경 축하
		왕	신하	→ 음식, 음주, 악무	· 군신유의 → 화락
T-2	원일연(元日宴)	신하	왕	· 하제정(賀帝正)의 예(賀帝正受朝賀) - 조하(朝賀), 헌수(獻壽), 천세수(千歲壽)	· 가경 축하 (가장 성대함) · 효
		왕	신하	→ 음식, 음주, 악무, 화희(火戱: 불꽃놀이), 헌시(獻詩)	· 군신유의 → 화락
	동지연(冬至宴)	신하	왕	· 동지(한 해의 시작) 맞음 축하 - 하례(賀禮)	· 가경 축하
		왕	신하	→ 음식, 음주, 악무	· 군신유의 → 화락
T-3	공신연(功臣宴)	종척+신하	왕	· 화합, 충성 맹세	· 곤제유서 · 군신유의
		왕	종척+신하	→ 음식, 음주, 악무	· 우애, 화락
	헌수(獻壽)/설연(設宴)	신하	왕	· 헌수	· 효
		왕	신하	→ 음식, 음주, 악무	· 군신유의 → 화락
T-4	은영연(恩榮宴)	왕	문무 급제자	· 음식, 음주, 악무	· 유아(儒雅: 文雅) 숭상
	궁온(宮醞)	왕	각 관청	· 회음(會陰)에 음식, 음주 보냄. 사치 허용	· 군신유의 → 화락
T-5	치주(置酒)/설작(設酌)	왕	특정 신하	· 회음(會陰) · 취하기 허용	· 군신지정(君臣之情)

유형	관련 용어	주는 쪽 (G)	받는 쪽 (R)	특징	의미
T-6	양로연(養老宴)	왕+ 왕비	남녀 노인	· 매년 가을 설행 · 사물(賜物: 임금이 하사하는 물건), 공궤(供饋: 음식을 드림), 가자(加資)[90]	· 장유유서(長幼有序) →경로(敬老), 장자(長者) 예우
	기로연(耆老宴)[91]	왕	기로신[92]	· 매년 상사(上巳: 음력 3월 상순의 巳日 혹은 3월 3일)와 중양(重陽: 9월 9일) 보제루(普濟樓)에서 설행 · 음식, 음주, 악무, 투호 놀이	· 장유유서 → 경로, 장자 예우

[표 2] 역시 6개 유형으로 구분된다. 'T-1'은 특별한 가경(嘉慶)을 맞아 우선 '받는 쪽(R)'인 신하들이 축하 의식[賀禮]을 '주는 쪽(G)'인 왕과 함께 올린 후 G가 다시 R에게 음식, 음주, 악무를 내려 주어 군신화락(群臣和樂)하는 구조이다. 'T-2'도 주요 절기(節氣)를 축하하며 'T-1'과 동일한 방식과 의미 구조를 나타낸다. 'T-3'에서는 '받는 쪽(R)'인 신하들이 먼저 '주는 쪽(G)'인 왕에게 화합과 헌수(獻壽)의식을 행하고 난 후, G가 R에게 연(宴)을 베풀어 함께 화락한다. 따라서 'T-1, 2, 3'에서 G가 음식을 R에게 '연(宴)'하는 전제는 R의 G에 대한 하례·헌수 의식이다. 'T-4'는 G가 R에게 술과 음식 등을 내려 주지만, 친림(親臨)하지 않는 '상징적 함께 먹기'의 구조이다. 'T-5'는 G가 선택한 R과의 '제한적 함께 먹기'로 상호 군신지정(君臣之情)을 두터이 한다. 'T-6'에서는 G가 연로한 R을 우대하는 경로의 성덕으로 성리학적 지배 질서를 구현하고 있다. 특히 'T-5'와 'T-6'에서 G는 무질서와 금기를 표상하는 유탕(遊蕩)한 지경의 '취하기'를 R에게 허용함으로써, G의 절대적 권위를 상대적으로 강조한다.

정리하면, '연(宴)'의 예(禮)는 주로 하례(賀禮)에 대해 왕이 음식을 내려 주는 자리로, 군신합연(君臣合宴)의 화락과 경로사상의 실천을 통한 정치적·사회적 통합의 권위현시와 만민화친을 위한 것으로 볼 수 있다. 결국 '연'은 '향'

과 연동하는 선물 교환으로 군신공치(君臣共治)에 의한 성리학적 대동(大同)사회[93]의 이상(理想)을 가시화하는 매개체라 할 수 있다.

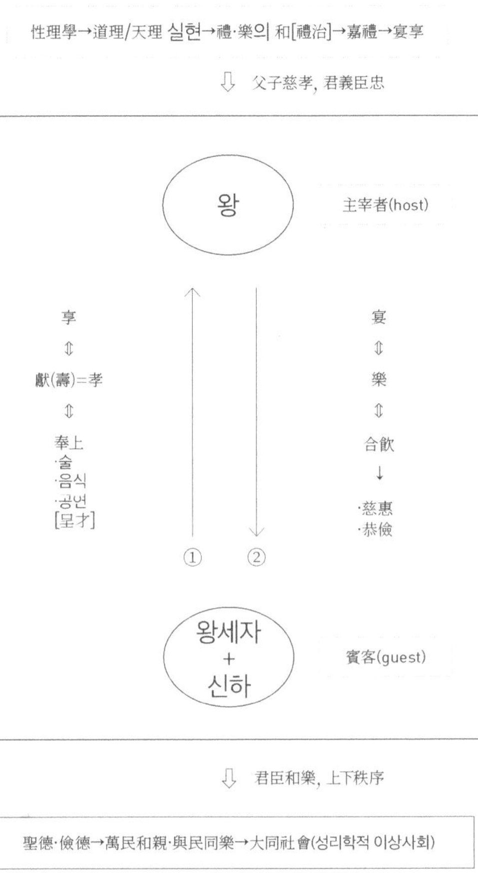

도식 3. 연향의 구조

제3장

연향의 간소화: '함께 먹기'의 인식 변화

3.1. 예법(禮法)의 단일화

성리학이 천(天)·인(人)·물(物)이란 대상과 그 관계에 대한 가치관을 논리화한 통치 이념이었던 만큼 실제 정치적·사회적 상황을 인식하는 관점이나 기질의 차이에 따라 정치적·학문적 입장이 달라질 수밖에 없었다. 그 결과, 조선 중기(16~17세기) 선조(宣祖, 재위 1567~1608) 대에 지방 사림파(士林派)[94]를 중심으로 붕당(朋黨)이 형성된다. 이들은 고도의 주지주의(主知主義) 정치집단으로 학문과 정치가 결합된 성리학적 이념의 실현을 위해, '군자당(君子黨)'이 '소인당(小人黨)'을 배제하는 공도(公道)로 정국을 주도해야 한다는 명분을 내세운다. 당시 서인(西人)을 대표한 이이(李珥, 1536~1584)는 군자당의 필요성을 다음과 같이 역설한다.[95]

> 아! 붕당의 이론이 어느 시대엔들 없었겠습니까? 오직 그들이 군자인지 소인인지를 분명히 아는 것이 중요할 뿐입니다. 만약 군자라면 천 명이나

백 명이 붕당을 이룬다고 하더라도 많으면 많을수록 더욱 좋겠습니다만 만약 소인이라면 한 사람뿐이라 하더라도 용납해서는 안 될 것이니, 하물며 붕당을 이루게 하여서야 되겠습니까?…(중략)…

조선 전기 구축된 예치(禮治)의 실제적 운용은 붕당의 정치적·학문적 입장에 따른 논쟁의 유발을 예고하고 있었다. 왜냐하면 예(禮)는 천(天)에 대한 인(人)의 경건하고 공경한 태도가 근본정신[體]이며 그 적용[用]은 절도의 구체적 행위 기준에 맞도록 일치시키는 것으로, 이념적 맥락에서 정치적·사회적 변화에 따라 유동하는 실행이기 때문이다.

그러나 16세기 말 조선을 유린한 '7년 전쟁'[96]과 격화된 당쟁에 따른 시속(時俗)과 세태의 격동은 오히려 사대부 계층의 자기 점검과 성리학적 예법(禮法)의 본원을 심화하는 방향으로 경도된다. 가령 서인(西人)의 영수(領袖)로 노론(老論)의 주류가 된 김장생(金長生, 1548~1631)의 『가례집람(家禮輯覽)』[97]은 사례(四禮. 관·혼·상·제의 예절)의 번례(變禮)·시용(施用)을 판단하는 기본 준칙을 제공한 예서(禮書)로 이후 예학(禮學)[98]을 발전시킨 토대가 되었다. 무엇보다 종족(宗族)의 결합을 위한 친족 제도의 기본이 되는 종법(宗法)을 강조함으로써, 사대부의 결속 및 질서의 확립을 마련한 것이 예학이다.

앞서 살펴보았듯이, 기존의 예제(禮制)는 국가 예전(禮典)인 『국조오례의』를 기본으로 한 왕실 의례와 사대부 계층의 사가례(私家禮)로 이원화된 구조였다. 그러나 16세기 이후 사가(私家)의 가례(家禮)가 『주자가례』 중심의 예학으로 전개됨에 따라 사례(四禮)와 종법으로 심화되고, 나아가 왕조례(王朝禮: 五禮)에 사서례(士庶禮)를 더한 왕실 의례의 사례(士禮) 부분에 개입하기에 이른 것이다. 왕의 정통성은 천명이 부여한 대통(大統)의 적통자(嫡統者)인 동시에 양반 관리의 수장[上監]으로서 종통(宗統)의 적장자(嫡長子)라는 이중적 수직권력으로 강화되는 구조였기 때문이다.

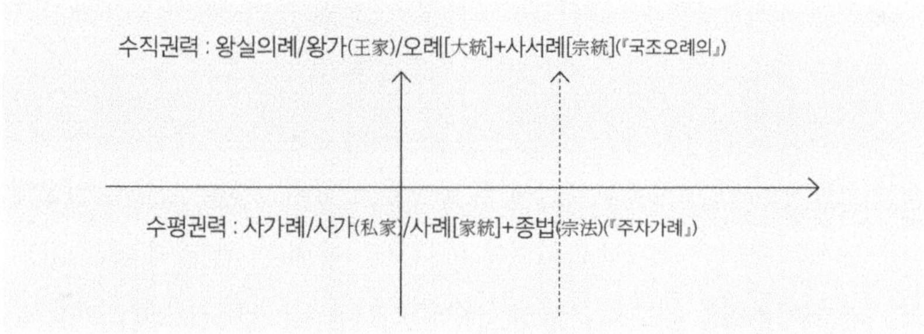

도식 4. 예(禮)의 권력 구조

사실 광해군(光海君, 재위 1608~1623)·인조(仁祖, 재위 1623~1649)·효종(孝宗, 재위 1649~1659)은 모두 선왕의 적자(嫡子)가 아닌[非嫡統] 자격으로 왕위에 오른 경우[99]였고, '폐모살제(廢母殺弟)'[100]와 같은 반윤리적 행위가 야기한 인조반정(仁祖反正, 1623년)을 필두로, 17세기 예학의 뜨거운 논란이던 기해예송(己亥禮訟)[101]은 왕실 의례의 적용에 개입한 붕당의 권력투쟁이었을 뿐 아니라, 국가 체제의 준거를 뒤흔든 '사건'이었다. 논쟁의 대상은 왕실의 국장 의식인 흉례(凶禮)의 복제(服制) 문제였으나, 사가례(私家禮)의 상례(喪禮)를 적용해 왕의 종통(宗統)을 가통(家統)에 우선시킬 것인가, 아니면 가통을 종통에 우선시킬 것인가 하는 쟁점, 즉 왕의 정통성에 의거한 절대성과 이를 기반으로 한 의리적 군신공치의 질서[禮]에 대한 시비 내지 갈등과 다르지 않았다. 예컨대 서인이 주장한 '천하동례(天下同禮)'[102]의 원칙에 대해 남인(南人)은 '왕자예불동사서(王者禮不同士庶)'[103]의 원칙으로 대립했다. 전자가 송시열(宋時烈: 宋子, 1607~1689)의 정체설(正體說), 즉 신권론(臣權論)의 주창이라면, 후자는 윤휴(尹鑴, 1617~1680)의 '비주이종설(卑主貳宗說)', 즉 왕권 강화론의 제기로, 신권과 왕권의 정치적 대립이 표출된 것이다.

이러한 정치적·학문적 난맥상은 17세기 조선의 국가적 위기 상황으로 가중된다. 1627년(인조 5) 정묘호란(丁卯胡亂)과 1636년(인조 14)의 병자호란(丙子胡亂)은 물론이거니와 이상 기후로 인한 흉작으로 잦았던 대기근, 즉 1625년의 각종 재해부터 1626년(인조 4, 丙寅)과 1627년(인조 5, 丁卯)에 정점에 오른 후 1628년과 1629년까지 4년간 지속된 '병정대기근(丙丁大饑饉)'[104]은 정묘호란까지 겹쳐 조선 중기의 정치·사회·경제구조에 극심한 혼란과 어려움을 끼치게 된다. 게다가 1644년(인조 22) 종주국에 대한 예우로 사대(事大)했던 명나라의 멸망과 군신 관계를 요구하며 침략했던 만주족의 청나라가 지배 세력으로 등장함으로써, 주자성리학[宋明理學]을 토대로 성립한 조선왕조의 근간을 흔들게 된다.[105]

그런데 "이때의 기근과 전화(戰禍)라는 사회적 경험은 조선이 '성변(星變)'과 '재이(災異)'로 지칭되는 하늘의 변화와 그것에 대처하는 군왕의 태도에 사대부들이 집중하게 되는 계기"[106]로 작동한다. 즉 이상 기후라는 하늘의 비정상적 기운은 왕과 하늘의 관계에 문제가 있고, 대통(大統)이라는 이상적·절대적 관계에 한계가 발생했다는 신호로 인식된다. 다시 말해 왕이 예(禮: 敬)를 '행하는' 것만으로는 부족하고, 그것을 '행할 만한' 왕의 내면적 인성과 진정성 있는 내적 태도를 요구받게 된 것이다. 이로써, 왕의 검덕(儉德)·자혜(慈惠)로 화락의 질서를 가시화한 조선 전기의 이상적 대연(大宴)이 약화되고, 실제적 절약과 축소를 수반한 검소하고 겸양(謙讓: 겸손한 태도로 남에게 양보하거나 사양함)하는 태도가 드러나지 않는 '진연(進宴)'은 사대부들의 비판을 받는 정치적 대상이 된다.

따라서 조선 중기의 진연은 진풍정(進豊呈)[107]과 구분 없이 사용된 조선 전기[108]와 달리, 효종 대 이후에는 연향의 규모에 따라, 진풍정보다는 작은 연향으로 의미가 변화되어 정치적으로 활용된다.[109] 풍정은 광해군·인조처럼

'비적통'으로 왕위에 오른 경우 선왕(先王) 비(妃)와의 관계성, 즉 의리적 계체(繼體) 관계로 부자 관계를 재현하려는 정치적 목적으로 시행되었다.[110] 반면 효종과 같이 적자(嫡子) 자격으로 왕위를 계승한 경우에는 대비(大妃)에게 상수(上壽)하는 효(孝)의 표상으로 진연이 설행되었다. 단 현종은 적자라도 천재(天災)와 흉년으로 신하들의 반대에 부딪혀 연향을 열지 못했다.[111] [표 3][112]을 보면, 조선 전기보다 조선 중기의 연향이 규모의 축소는 물론 횟수도 현저히 떨어져 있음을 확인할 수 있다.

[표 3] 조선시대 설행된 연향(『조선왕조실록』 중심)

시기	구분	풍정	회례연	진연	진찬[113], 진작[114] 등	합계
조선 전기	태종	1	-	-		1
	세종	26	4	-		30
	문종	1	-	-		1
	단종	5	1	-		6
	세조	45	8	-		53
	성종	4	16	73		93
	연산군	-	7	43		50
	중종	19	3	3		25
	명종	5	2	-		7
조선 중기	선조	1	1	-		2
	광해군	1	-	-		1
	인조	2	2	-		4
	효종	-	-	1		1
조선 후기	숙종	1	-	5		6
	경종	-	-	1		1

시기	구분	풍정	회례연	진연	진찬[113], 진작[114] 등	합계
조선 후기	영조	-	-	11		11
	순조	1	-	-	4	5
	헌종	-	-	-	1	1
	고종	1	-	6	6	13
합계		113	44	143	11	311

3.2. 진연(進宴)의 변화

그런데 조선 후기 숙종(肅宗, 재위 1674~1720) 32년(1706) 설행된 진연은 조선 중기의 진연과 또 다른 의미를 갖는다. '인정전(仁政殿)진연'[115]은 숙종의 즉위 30주년을 기념해 8월 27일 창덕궁(昌德宮) 인정전에서 왕과 왕세자가 참여하는 진연[外宴]과 8월 28일 창경궁(昌慶宮) 통명전(通明殿)에서 비빈(妃嬪)들을 위한 진연[內宴]으로 각각 치렀다. 이처럼 '인정전진연'은 진풍정의 내·외연 형식을 취한 대규모의 예연(禮宴)이되, 효의 의미로 헌수(獻壽)를 올리고 왕의 겸양이 강조된 조선 중기의 진연의 성격을 띠고 있다.

> …(중략)… 대저 신[金鎭圭]이 진연을 망령되게 논한 것은 오로지 전하의 **겸양하시는 성덕(盛德)**을 돕고, 춘궁(春宮: 東宮: 왕세자)의 **양지(養志: 부모님을 즐겁게 해 드림)하는 대효(大孝)**를 권면하려는 것이었으니 …(중략)….[116]

사실 '인정전진연'은 무려 1년여 동안 진연의 거행을 권하는 왕세자 및 신하들의 상소를 숙종이 반려한 후 개최되었다. 또한 숙종은 진연이 끝난 뒤에 자신이 박덕함에도 열 수밖에 없었다는 '추현양능(推賢讓能: 자신을 낮추고 남을 높이는 겸사의 미덕)'을 표명하고, 종묘(宗廟)에 이 기쁨을 올리도록 한다.

> 이번 진연(進宴)을 내가 어찌 좋아서 하였겠는가? 대개 세자가 세 번 상소하고 공경(公卿)이 청하므로, 끝내 굳이 거절하기 어려웠기 때문이다. 예(禮)가 겨우 어제 끝났는데, 일은 미리 크게 벌림[豫大]에 가까우므로, **스스로 양덕(凉德: 薄德)한 것을 생각하면 부끄럽고 두려움만 더할 뿐이다.** 다만 연례(宴禮)가 이미 지났으므로, 은혜를 베풀어 위로해 기뻐하는 뜻을 보여야 하겠으니, 묘당(廟堂: 宗廟)으로 하여금 품처(稟處)하게 하라.[117]

이렇듯 겸양과 '추현양능'으로 진연을 설행한 또 하나의 사례는 숙종이 앓던 천연두가 완쾌되고 성수(聖壽) 50세를 경하해 1710년(숙종 36) 4월 25일, 경희궁(慶喜宮) 숭정전(崇政殿)에서 열린 '숭정전진연'이다.

> 숙종은 진연 개최의 명분을 다음과 같이 밝히고 있다.[118]

> 지난해 잔치를 받은 것은 내가 이를 즐거이 한 것이 아니었고, 금번에 진청(陳請)한 것은 더욱 뜻밖에 나왔으니, 세자(世子)가 소장(疏章)을 올리는 것을 가로막은 일로 보더라도 나의 뜻이 굳게 정해져 있었음을 알 수 있을 것이다. 그러나 대신(大臣)이 연석(筵席)[119]에서 지성껏 진달(陳達)하므로 부득이 힘써 따랐으나, 이러한 가뭄을 당해 더욱 불안하였다. 그래서 간절히 정지하려 하였는데, 세자가 몹시 서운하여 누누이 거듭 청하였고, 또 문득 병인년(1686년, 숙종 12) 여름 동조(東朝: 왕대비)의 진연 때에도 마침 한재(旱災)를 당해 연례(宴禮)를 정지하려 하였지마는, 내가 개진(開陳)해 마

그림 3. <숭정전진연도>, 1710년(숙종 36), 지본채색, 162.1×123.6cm, 국립중앙박물관

> 침내 물려서 거행하지는 않았다. 내가 옛날의 마음으로써 세자의 오늘날 간절한 정성을 굽어 살펴 차마 물리치지 못하고, 또 힘써 따르지 않을 수 없었으나, 마음의 불안함이 어찌 그뿐이겠는가? 그러나 연례(宴禮)가 벌써 지났으며, 은혜를 미루어 혜택을 베푸는 일 또한 이미 거행한 예(例)가 있었으니, 그것을 묘당(廟堂)으로 하여금 품처(稟處)케 하라.

이와 같이 숙종 대의 진연은 개최되기까지 일련의 형식적 수순을 밟아야 했음을 알 수 있다. 첫째, 왕의 자의(自意)가 아닌 왕세자의 효심과 신하들의 간청을 여러 번 겸양하다가 받아들여야 한다는 점, 둘째는 하늘의 성변(星變)과 재이(災異)를 살펴보아야 한다는 점, 셋째로 가뭄과 흉년 등 나라의 시세(時勢)와 형편을 고려해야 한다는 점, 넷째는 전례(前例)가 있다면 따를 수 있다는 점, 다섯째로 진연을 치루고 난 뒤에도 왕이 '추현양능'의 태도를 보여야 한다는 점, 끝으로 진연의 '은혜를 베풀어 위로해 기뻐하는 뜻(宜有推恩施惠, 用施慰悅之意)'을 종묘에 알리도록 하는 점이다. 이러한 방식은 영조 대 진연에 이르기까지 하나의 관행으로 실행된다.

특히 숙종 대 '인정전진연'이후 영조 대까지 연향은 간소화된 진연으로 치러졌다.[120] 영조는 조선 후기 정치적·사회적 구조의 변동을 반영한 국가전례 재정비의 일환으로, 조선 전기 예전(禮典) 『국조오례의』를 『국조속오례의(國朝續五禮儀)』[1744년(영조 20)]와 『국조속오례의보(國朝續五禮儀補)』[1751년(영조 27)]로 보완·개정한다. 이들은 진찬(進饌)·진작(進爵)의 실행 전까지 연향의 주된 전범(典範)이었다.[121, 122] 『국조속오례의』 「가례(嘉禮)」를 보면, 진연은 진연의(進宴儀)·왕비진연의(王妃進宴儀)·대왕대비진연의(大王大妃進宴儀)·삼전진연의(三殿進宴儀)[123]·어연의(御宴儀)[124] 등으로 세분되어 의주(儀註: 행사절차)가 제정되어 있다. 따라서 조선 후기의 진연은 주로 왕의 등극주년(登極周年)과 왕실 어른의 생신을 축하하는[125] 예연(禮宴)으로 간소화된 것이다. 가령 왕의 기로소(耆老所)[126] 입소(入所), 망오(望五: 쉰 살을 바라보는 41세), 오순(五旬: 쉰 살), 왕대비의 사순(四旬: 마흔 살), 대왕대비의 칠순(七旬: 일흔 살), 왕의 생모나 대왕대비의 회갑(回甲: 예순 한 살) 맞은 해[127] 등 왕실의 장수를 경하(慶賀)하는 일에 빈번하다.

이러한 진연은 '천하동례(天下同禮)'를 준수하는 사대부들이 특별한 날을 기념해 잔치를 벌이는 예(禮)를 따른 것이며, 조선 후기 이후 의주(儀註)를 중심으로 한 진연이 '의례적 함께 먹기'의 주된 형식으로 단일화되었음을 나타낸다. 앞서 [표 3]에서 조선 시대에 설행된 311여회의 연향 중, 조선 전기 성종 대(93회) 전후와 조선 후기 영조 대(11회)에 다수 실행된 점은, 예제(禮制)로 국가 체제의 기틀을 마련해 적용 또는 재정비하는 측면에서 이해해 볼 수 있다. 다만 조선 후기 4색 당파의 난국을 '환국(換局: 정치적 국면의 전환)'으로 타개하며 왕권을 강화했던 숙종 대의 진연과, 탕평책으로 붕당정치의 대립을 조정하며 '조선중화주의(朝鮮中華主義)'[128]로 문화적 부흥을 도모했던 영조 대의 진연은, 실제적 국정의 주도권과 관련한 형식적 기제로 정치적·사회적 질서를 재조정·재확립하려는 정치 행위의 재현 형식으로 볼 수 있다. 영조는 재위 52년간 10회 이상의 진연을 개최해 왕실 중심의 정치 구현을 가시화하고, 왕조 체제 유지를 위한 내재적 결속을 강화했다. 진연의 '의례적 함께 먹기'는 이러한 정치적 함의를 위한 매체였던 것이다.

진연의 의미변화는 곧 '함께 먹는 집단(commensal constellations)'의 변화를 뜻한다. 조선 전반기에 군신공치(君臣共治)로 왕을 보좌하던 신하들은 조선 후반기에 정치적·학문적 입장에 따라 4색 당파로 분열, 각 파벌의 이해관계에 따라 왕에게 사신들의 신권(臣權)을 주장했으며 왕은 이들을 조율해 왕권의 안정 및 국정의 운영을 추진해야 했다. 이처럼 조선 후기의 '의례적 함께 먹기'인 진연은 공동체의 음식 소비에 의한 의례행위 형식으로, 고도로 응축된 상징적 재현이자 사회적 관계의 적극적 조정의 장(場)을 제공하는 정치적 측면이 내재된[129] '식사정치(commensal politics)'[130]의 한 형식이라 할 수 있다.

위와 같은 맥락에서, 조선 후기 이후 예전(禮典)의 전범(典範)인 『국조속오례의』가 처음 적용된 1744년(영조 20)을 중심으로, 영조의 '식사정치'가 갖는 실질적 함의를 살펴보고자 한다.

제4장

영조의 '식사정치'의 배경: 정치적 환경의 극복

조선 중기의 정국은 사림(士林)[131]의 득세라 할 수 있다. 사림이 집권에 성공하고 4색 붕당정치가 공인되면서 이들의 성리학적 도학(道學)정치[132]는 '군주성학론(君主聖學論)'[133]으로 한층 공고해진다. 국왕이 왕통의 신성함만으로 군주의 권위를 요구할 수 없는 시대로 접어든 것이다.[134] 원래 조선의 왕은 이념적·상징적 존재로 성리학적 이상 정치의 실현자였다. 이를 위한 왕의 실질적 국정 운영은 '모든 언행과 결정을 삼가고 두려워해야 한다'는 만기(萬機)[135]로 관료 집단과의 협의를 통해 정치적 관계를 유지해야 했다. 왕의 주요 업무인 소대[召對: 임금의 부름에 응함. 왕명으로 입대(入對)해 정사에 관한 의견을 상주(上奏)]와 진강[進講: 임금 앞에 나아가 경서(經書) 등을 강론(講論)]은 이념 구현을 위한 군신(君臣)의 소통 행위이며, 접빈(接賓: 외국 사신을 맞이하는 의례)과 연향(宴享)은 왕실의 안정을 도모하는 의례적 왕의 예치(禮治)를 나타냈다.[136] 그런데 '군주성학론'은 정치의 실질적 헤게모니가 존왕(尊王)의 친정(親政)보다도 도덕적 모범자인 사림에의 위임(委任) 및 공론(公論)으로 주도되어야 한다는 것이기에, 왕의 입장에서는 왕권의 절대성에 의한 정치적 주도가 제한됨은 물론, 왕의 도덕적·학문적 자질을 끊임없이 사림에게 평가받아야 하는 한계에 놓이게 된다.

이러한 상황에서 영조[137]는 '왕세제(王世弟)'라는 전대미문의 자격으로 왕위에 올랐고, 숙종 대의 왕세자 책봉은 극심한 당쟁을 초래했다. 즉 숙종은 영조의 이복형 경종(景宗, 재위 1720~1724)을 1690년(숙종 16)에 세자로 책봉했으나, 당시 정국의 실세였던 서인들은 송시열(宋時烈)을 중심으로 극렬히 반대했다. 남인계(南人系)에 속한 폐비 희빈 장 씨(禧嬪張氏, 1659~1701)의 소생이 그 이유였다. 서인 대(對) 남인은 극심한 당쟁 및 궁중 암투가 야기한 3번의 환국[138]을 치렀고, 그 결과 남인을 축출한 서인이 정국을 장악한 가운데 노론(老論)과 소론(少論)으로 분파되었다. 당시 영조는 1699년(숙종 25) 연잉군(延礽君)에 봉해졌으나, 어머니 숙빈 최 씨(淑嬪崔氏, 1670~1718)가 미천한 무수리[139] 출신이라는 태생적 약점이 있었다.

그림 4. <연잉군(延礽君) 초상> 부분(21세), 보물 제1491호, 진재해(秦再奚) 작, 1714년(숙종 40), 견본채색, 150.1×77.7cm, 국립고궁박물관

따라서 영조는 노론계의 유력자인 김창집(金昌集)의 종질녀이자 숙종의 후궁이던 영빈(寧嬪) 김 씨[인원왕후(仁元王后: 숙종의 계비(繼妃), 1687~1757)][140]의 양자 노릇을 해야 했다. 이로써 숙종 말년 왕위 계승 문제가 표면화되었을 때 세자(경종)는 소론의 지지를, 세제(영조)는 노론의 지지를 받았다.

경종의 즉위(1720년)는 정국의 주도권 차지를 위한 노론과 소론의 격돌을 촉발하게 된다. 이른바 '노론 4대신'인 영의정 김창집(金昌集), 영중추부사 이이명(李頤命), 판중추부사 조태채(趙泰采), 좌의정 이건명(李健命)은 경종이 병약하고 후사가 없다는 이유를 들어 연잉군을 왕세자[儲嗣]로 세우고, 인원왕후는 '삼종혈맥[三宗血脈: 효종(孝宗)·현종(顯宗)·숙종(肅宗)의 혈통]' 및 선대왕(先大王: 숙종)의 골육(骨肉)을 근거로 윤허함으로써, 노론계는 뜻을 이루게 된다.[141] 하지만 경종을 지지하는 소론은 노론을 불충(不忠)으로 탄핵해 정국을 장악했고[辛壬士禍], 노론이 반역을 도모했다는 무고로 '노론 4대신'을 사사(賜死)한 인임옥사(壬寅獄事)를 감행해 노론 축출에 성공한다.

정국의 전환은 1724년(경종 4) 8월 경종의 환후와 병사(病死)로 말미암는다. 연잉군이 보낸 게장과 생감[142]을 먹은 경종이 심한 복통과 설사로 의식을 잃게 되자, 연잉군은 다시 인삼[蔘茶]과 부자(附子)[143]를 올리도록 했고,[144] 위독해진 경종이 결국 죽음에 이른 것이다. 이후 소론은 영조가 경종을 죽였다는 '경종 독살설'로 영조를 압박하게 된다.

이러한 정세를 배경으로 즉위한 영조는 정치적 한계, 즉 비천한 무수리의 소생이라는 약점은 물론이거니와 '경종 독사설'과 노론의 도움으로 책봉된 왕세제로 왕위를 계승한 왕통의 비정통성 문제에 처한다. 무엇보다 영조는 붕당정치의 역학 구도에서 왕권의 위상이 흔들리는 당쟁의 폐해를 절감했으며 자신의 약점을 보완하는 한편 왕권을 강화할 수 있는 정치 구도 및 대응 논리를 고민하게 된다. 이에 영조는 '조제(調劑: 調停) 탕평책(蕩平策)'[145]을 대안으

로 삼고, 즉위 후 20여 년간 그 실현에 몰두한다.[146]

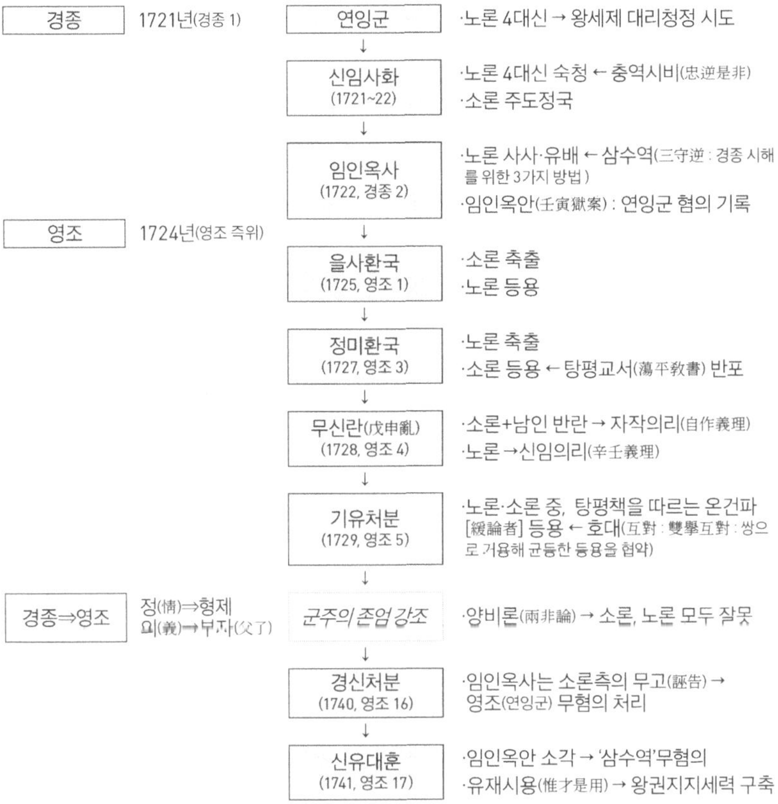

도식 5. 영조의 탕평정치 실현 과정

마침내 영조는 1741년 신유대훈(辛酉大訓: 御製大訓)의 반포를 기점으로 국왕의 정통성 시비를 종결했으며, 탕평정치[147]의 강화를 통해 붕당의리론·공론(公論)을 국론(國論)과 분리하는 정치구조의 쇄신을 득의하는 동시에 국제(國制)를 갱신하게 된다.[148] 즉 노론의 붕당정치의 근간인 이조전랑(吏曹銓郞) 통청법(通淸法)[149] 및 사관(史官) 천거권 혁파와 '서원훼철령(書院毁撤令)'이 그것이다. 또한 1742년(영조 18)에는 유학의 본산이자 관학의 최고학부인 성균관 반수교 위에 탕평비(蕩平碑)를 세워 다음과 같이 경계한다.[150]

> 남과 두루 친하되 편당 짓지 않는 것은 군자의 공정한 마음이요, 편당만 짓고 남과 두루 친하지 못하는 것은 소인의 사사로운 생각이다(周而弗比 乃君子之公心 比而弗周 寔小人之私意).

그림 5. 탕평비(성균관대학교 구내), 우리역사넷(국사편찬위원회)

탕평비는 영조의 정치적 득의를 표상하는 기념물이자 그의 정치적 논리가 이념적·학문적으로 노론의 붕당 논리를 굴복시켜 왕권과 신권의 분리를 확정하는 '기념비적' 표지이기도 하다. 예컨대 기존의 편당(偏黨) 논리는 군주가 지효[至孝: 천하를 봉양하는 지극한 효: 大孝][151]를 행하는 성덕(聖德)의 존재일 경우 사대부의 의합(義合)으로 그를 보좌함으로써, 공론(公論)의 군주 통치가 가능하다는 의리적 정치 논리였다.

그러나 영조는 사대부들이 '공(公: 공적 질서)'을 함께하는 공합(公合)을 전제로 '사(私: 사대부의 질서)'와 분리하고, 군신(君臣)은 곧 부자(父子)관계라는 '군부일체론(君父一體論)'으로 '충(忠)'을 천부적 의리인 '효제(孝悌)'로 등치시킨 후, 탕평론의 이상인 요순시대(堯舜時代: 유교의 태평성세)의 군주상(君主像), '군사(君師: 學者君主)'를 제시한다. 이처럼 영조가 설정한 군주상은 수기치인(修己治人)의 성군(聖君)이자 정치적·학문적 스승 그리고 신하와 백성의 부모라는 군(君)·사(師)·부(父) 일체의 모습이다. 다시 말해 17세기 이후 붕당이 요구해 왔던 '군주성학론'의 이상적 군주상을 체득해 실제적으로 재해석한 것이며, 세신(世臣)·애민(愛民)의 군도(君道)를 회복해 요순시대의 국가비전을 실현하는 실정(實政)의 군주를 지향한 것이다.[152] 균역법의 시행, 준천(濬川) 사업, 법전·예전의 정비[153] 등은 이를 반영한 국가정책이라 할 수 있다.

결국 영조의 탕평정치와 군·사·부를 아우른 군주상은 정치적 약점 때문에 신권[老論]의 도움을 받아 즉위한 이유로 왕권 약화를 사초할 수밖에 없는 한계를 극복해 정통성의 명분 및 왕권의 안정을 확립시켜 줌으로써, 신하들로 하여금 "붕당의 당인(黨人)에서 벗어난 공적인 국가의 관인(官人)으로 그 정체성을 분명히 하기"[154] 위한 통치 요체라 하겠다.

제5장

입기로소(入耆老所)와 '형식적 함께 먹기'

5.1. 입기로소의 정치적 의미

영조는 탕평 정국의 여세를 몰아 그 강화책으로 기로소(耆老所: 耆社)[155] 입사(入社: 入所: 入耆老所)에 주력한다. 입기로소는 삼선(三善) 곧 부자의 도(道)·군신의 의(義)·장유의 예(禮)의 완성을 뜻한다. 다시 말해 영조가 바라는 군·사·부를 포괄한 군주상의 완결체이자 사대부의 본보기가 되는 최상의 입지를 나타내며, 최고위 관료들의 합의로 입소가 결정되는 만큼 정치적 결속을 표상하기도 한다.[156]

이미 영조는 왕권의 정통성에 관한 약점을 '3종혈맥'과 경종의 계승으로 보완했으나, 그 절대성과 실질적 정당성에 대한 불안감은 지속했던 것으로 보인다. 따라서 영조가 입사를 열망한 이면에는, 자신의 왕통과 관련한 잠재적 논란을 불식시켜 왕권을 강화하려는 정치적 의도가 작동한다고 볼 수 있다. 이를 위한 전략으로 영조가 선택한 것은 계지술사(繼志述事: 繼述)[157]의 '효(孝)'이다. '선인(先人: 先祖: 先王: 先代: 父兄)이 남긴 뜻과 사업을 받들어 계승하고 발전시킴'이란 계술의 개념은 '전례(前例: 舊例: 古例)를 따름'의 특정 관례(慣例)를 수반한다.[158]

영조는 국조(國祖) 태조[159] 및 선왕(先王) 숙종의 사례[160]를 입사 단행의 명분으로 삼는다. 이와 같은 과거 전례의 답습은 영조가 적극적으로 취했던 정치 행위로,[161] 선례(善例)로 확정된 기억을 '소환-반복-현시'하는 일련의 과정을 통해 기억을 권력화하고 정체성을 강화시키기 위한 것이다.

다만 영조의 나이는 입기로소의 걸림돌이었다. 그의 입소는 1743년(영조 19) 신년 주강(晝講) 자리에서 처음 논의되었다. 이때 영조는 성수(聖壽) 50세로 전례(前例)인 60세(태조)와 59세(숙종)보다 너무 일렀다. 탕평파(蕩平派)인 좌의정 송인명(宋寅明, 1689~1746)이 영조에게 입사를 권했고, 영조는 "나는 다른 소원은 없다. 단지 세 가지 일이 있을 뿐이다. 조정에 붕당(朋黨)이 없고 백성이 무사한 것이 지극한 즐거움이고, 고사(故事)를 추술(追述)해 기사(耆社)에 이름을 쓰는 것이 평소의 소원이며, 원량(元良: 왕세자: 사도세자)이 점차 장성해 국사를 맡기고 짐을 벗어 한가롭게 지내는 것이 고심(苦心)하는 바이나"[162] 하며 원하는 바임을 밝혔다. 또한 계술을 명분으로 기로소의 서루(西樓)를 보수하는 등 내심 입기로소를 준비하고 있었다.

영조가 보다 적극적으로 입사의 뜻을 신료들에게 드러낸 것은 망륙(望六: 51세)을 바라보는 1744년(영조 20) 7월의 일이었다. 영조는 숙종 대의 전례대로 종신(宗臣)이 상소문을 올리는 방식을 택했으나[163] 삼가는 마음으로 이신양성(頤神養性)[164] 하기를 간한 조현명(趙顯命, 1690~1752)[165]의 반대로 뜻을 이룰 수 없었다.[166]

그림 6. <조현명 초상> ≪명신초상화첩(名臣肖像畵帖)≫
지본채색, 28.3×39.1cm, 국립중앙박물관

종신(宗臣) 여은군(礪恩君) 이매(李梅)가 상서(上書)하였는데 …(중략)… "우리 숙종 대왕께서는 보령이 59세에 여러 신하들의 소청(疏請)에 의거해 태조(太祖)의 구례(舊例)에 따라 서루(西樓)의 고사(故事)를 좇았습니다. 우리 전하께서도 춘추가 50을 넘어 60을 바라보게 되었습니다. 숙종께서는 태조의 육순(六旬)의 나이에 이르지 않았어도 기사(耆社)에 들어가셨는데 우리 숙종의 영주(靈籌)가 59세이고 우리 전하의 춘추가 51세이니, 그사이에 조금 차이가 나는 것 같지만 육순을 바라보는 것은 같습니다." …(중략)… 임금이 말하기를, "이 일에 대해서도 나는 일찍이 목묘(穆廟)[167]께서 육순이 되기를 기다린 고사에 따라 과거에 진장(陳章)[168]한 일이 있었으니, 이것은 또한 **내가 겸양할 것이 아니라 곧 지극한 소원인 것이다. 그러나 지금은 너무 이르다고 할 만하다.** 나이 노쇠하고 고질병을 앓고 있으니 단지 속히 59세가 되어 선조(先朝)의 고사를 따르게 되기를 원하고 있기는 하지만 어떻게 바랄 수 있겠는가?" 하였는데 그 하교한 말이 누누이 수백 마디에 달하였다. …(중략)…

그런데 한 달여 후, 한발 물러섰던 영조에게 노론계였던 영의정 김재로(金在魯, 1682~1759)가 연차(聯箚: 聯名箚子)[169]를 사과하며 입기로소를 청하게 된다.[170]

"전하께서 옛날 전장(典章)을 그대로 따르시고자 하여 미치지 못하는 듯한 탄식이 있었고 신 등이 함께 번민하고 괴롭게 여기는 것을 또 '지나치게 걱정한다'고 하교하시었습니다. 금일에 품지해 시행하고자 하여 짐짓 기사당상(耆社堂上)을 인솔하고 같이 들어왔습니다" 하니, 임금이 말하기를,
"경 등이 처음에는 이미 종신(宗臣, 이매)의 상소를 비난해 배척하다가 끝에 와서 또 아뢰고 이를 청하는 것은 무엇 때문인가?" 하였다.
김재로가 해당 조(曹)로 하여금 진례를 상고해 거행할 것을 굳이 청하니, 임금이 입시(入侍)한 여러 신하들에게 두루 물어보았는데, 아무도 다른 말을 하지 아니하자, 드디어 이를 윤허하였다.

드디어 입사의 뜻을 이룬 영조는 먼저 선원전(璿源殿)에 전알(展謁)하고 이어서 영수각(靈壽閣)[171]에 나아가 전배(展拜)한 뒤, 어첩에 스스로 존호(尊號)와 왕(王)자를 쓸 것이며 이후 이것을 전례로 삼을 것을 천명한다. 그 3일 후, 영조는 예조판서 이종성(李宗城)의 청에 따라 태묘(太墓: 宗廟)[172]의 고유제(告由祭)를 지내도록 승지(承旨)에게 명한다.[173]

그러나 영조의 입사는 신하의 반대로 다시 제지된다. 즉 지평(持平)[174] 박성원(朴聖源, 1711~1779)은 국정의 폐단과 관련한 11조목을 아뢰며 가장 먼저 영

조의 입사 문제를 거론하고, 계술의 적절한 때는 망륙(望六: 51세)보다 망칠(望七: 61세)임을 지적한다. 이에 영조는 계책(計策)이라며 조목조목 반박하고, 특히 입기로소의 비판에 대노(大怒)해 다음과 같이 박성원을 꾸짖는다.[175]

> …(중략)… 내가 기미(機微)를 알아차리고서 일찍이 물러났던들, 어찌 너에게 이처럼 곤욕을 당하겠는가? 조신(朝臣)이 혹시 비슷하지도 않는데 기사(耆社)에 들어가는 자가 있다면 이것을 반박하더라도 좋겠지만, **네가 감히 인군(人君: 君主)이 기사에 들어가는 것을 반박하는가?**

영조의 입장에서는 입기로소를 위한 3번째 시도에 다시 제동을 건 신하가 자신 및 왕권을 유린한 것으로 여긴 것이다. 그는 박성원의 관직을 체차(遞差: 관리의 임기가 차거나 부적당할 때 다른 사람으로 바꾸는 일)하라 명한다. 그런데 승지 남태량(南泰良, 1695~1752)은 "신의 팔뚝이 끊어지더라도 이와 같은 하교를 신은 감히 쓸 수가 없습니다"라며 왕명을 거부하기에 이르고, 영조의 분노는 극에 달한다.[176]

> …(중략)… 임금이 또 남태량의 관직을 체차하고 바로 승정원에 비망기(備忘記)[177]를 내렸으나, 승지[178] 정필녕(鄭必寧)과 이창의(李昌誼)가 이를 반포하지 아니하고서 청대(請對)[179]하자, 임금이 허락하지 아니하고 여러 승지들을 모두 체차하였다. …(중략)… 이때에 좌의정 송인명(宋寅明)이 병을 구실로 삼아 오래도록 출사(出仕)하지 아니하였는데, 임금이 비상한 하교를 내렸다는 소문을 듣고서 여러 재신(宰臣)과 삼사(三司)[180]를 거느리고 서로 잇따라 청대하니, 이경(二更: 밤 10시경)에야 비로소 인견을 허락하였다. 영의정 김재로(金在魯)와 우의정 조현명(趙顯命)도 또한 뒤따라 들어왔는데,

> 여러 신하들이 힘써 반한(反汗)[181]하기를 청하니, 임금이 말하기를, "나는 본래 성색(聲色)[182]의 좋음을 빨리 취득할 생각이 없었고, **노인(老人)의 이름을 얻고자 하는 데에 지나지 아니하였는데**, 경들은 아첨하여 마음을 즐겁게 하는 신하가 되었고 나는 아첨을 좋아하는 임금이 되었으니, 이것은 내가 매우 한스럽게 여기는 바로 지금에 이르기까지 다시 그 마음을 조제(調劑)[183]하려는 뜻은 없다" 하였다. …(중략)…

삼의정(三議政)[184]은 물론 삼사와 재신들의 만류에도 불구하고 박성원은 남해(南海)에 위리안치(圍籬安置)[185] 되고 만다. 어쩔 수 없이 영의정 김재로는 영조의 입소를 재차 청하게 되고, 1744년(영조 20) 9월 마침내 영조는 입기로소 의식을 단행한다.[186] 영조가 친히 기로소에 행차해 어첩(御帖)에 서명한 것을 제외하면, 전체적인 진행 과정은 [표 4]처럼 숙종의 입기로소를 거의 답습하고 있다.[187]

영조의 입기로소 의식의 전모는 숙종의 ≪기사계첩≫을 계승한 ≪기사경회첩(耆社慶會帖)≫[188]을 통해 비교적 자세히 알 수 있다. 본 장에서는 ≪기사경회첩≫의 수록 내용 중 <영수각친림도(靈壽閣親臨圖)>·<숭정전진하전도(崇政殿進賀箋圖)>·<경현당선온도(景賢堂宣醞圖)>의 행사도 3점을 중심으로 영조가 의도한 '식사정치'의 일면을 살펴보고자 한다.

[표 4] 숙종과 영조의 입기로소 비교

구분	숙종	영조
나이	· 59세	· 51세
일시	· 1719년(숙종 45) 2월12일	· 1744년(영조 20) 9월 9일

구분	숙종	영조
장소	· 기로소 영수각[189]	· 기로소 영수각
목적	· 태조 계술 · 노인 공경	· 태조, 숙종 계술 · 노인 공경
기록	· ≪기사계첩≫[190] (1720년)	· ≪기사경회첩≫ (1745년)

5.2. 입기로소의 '형식적 함께 먹기'

그림 7. ≪기사경회첩≫ 제12면, <영수각친림도>

위의 그림은 1744년 9월 9일 영조가 사도세자와 함께 창덕궁(昌德宮) 선원전(璿源殿)[191]을 배알한 후, 기로소 기영관(耆英館, 화면 왼쪽 건물)[192] 옆 영수각에 거둥한 장면이다(당시 영조의 모습은 <그림 8>[193]로 짐작해 볼 수 있다).

그림 8. <영조 어진(御眞)> 부분(51세), 보물 제932호, 채용신(蔡龍臣)·조석진(趙錫晉) 모작, 1900년(고종 37), 견본채색, 110.5×61.8cm, 국립고궁박물관

먼저 영조는 영수각 뜰의 동쪽에 나아가 4배례를 행하고, 영수각 안으로 올라가 서쪽을 향해 영내(楹內: 현관의 안)에, 또한 왕세자는 영외(楹外)에 앉았다. 시임대신(時任大臣)[194]과 원임대신(原任大臣)[195]·기로제신(耆老諸臣)·예관(禮官)·승지와 사관은 계단 위에 자리한다. 삼문(三門)을 통해 영조는 기영관으로 거둥한다. 겹겹의 장막과 일월오봉병(日月五峯屛)이 영조의 임어(臨御)를 상징한다. 시임기로당상(時任耆老堂上)[196] 신사철(申思喆)이 영수각 안의 감실(龕室, 화면 오른쪽 영수각 어좌 뒷부분)을 열어 꺼낸 어첩(御帖)을, 예조판서 이종성(李宗城)과 예방승지 조명리(趙明履)가 받들어 어전에 올린다. 영조는 서안(書案)에 놓인 어첩에 친히 '지행 순덕 영모 의열왕(至行 純德 英謨 毅烈王)'이라 쓰고, 다음과 같은 '어제어필(御製御筆)'[197]을 적는다.[198]

역대 왕들의 어지신 사랑이 온 나라에 퍼지고

나라에 주창(主鬯: 왕세자)이 있어 우리나라를 견고하게 하니

일심조제(一心調劑: 한 마음으로 적절히 조화)를 시켜 세자에게 남긴다.

한고조 유방의 '태풍가'와 한무제의 '추풍사'를 모방해 짓다.

이는 위무공(衛武公)[199]이 '억(抑)'을 지어 항상 자신을 반성하고 타이른 뜻과 같다.

다시 영수각에 임어한 영조에게 승지가 예관에게 받은 궤장(几杖)을 올린다. 영조가 친히 이를 받아 내시(內侍)에게 주고, "사묘(私廟)에 가서 배알하는 것은 이것이 사묘를 영광스럽게 하는 예이다"라며 육상묘(毓祥廟)[200]에 거둥한다.[201] 이것은 부모에게 효를 다하는 성군(聖君)의 현시인 동시에 천한 태생이라는 왕통의 약점을 '효'라는 천부적 도리로 전환시키는 영조의 정치 행위로 볼 수 있다. 또한 환궁 때 흥화문(興化門)[202]에 이른 영조는 '특별한 은혜를 베푼 하정상달(下情上達)'의 뜻으로 상언(上言)[203]을 하교했으며 연추문계(延秋門契)[204]의 80·90세 노인들을 불러 각기 그 나이와 구실[役名]을 물어보고, 해당 육조(六曹)로 하여금 쌀과 포목을 주게 한다.[205] 이러한 '후한 인심' 역시 숙종의 전례[206]를 따른 것이지만, 보다 백성을 위하는 모습을 보이고 있다.

어첩을 봉안한 다음 날 경희궁 숭정전에서 '반교진하의(頒敎陳賀儀)'가 거행된다. 이날 영조는 왕세자 및 백관의 하례를 받았는데 대치사관(代致詞官)이 이들의 치사를 읽고, 선교관(宣敎官)이 반교문을 낭독한다. 이에 영조는 다음과 같은 교문(敎文)을 반포한다.[207]

…(중략)… 기사(耆社)에 드는 나이[耆齡]에는 몇 살이 조금 모자라는데, 비록 예순을 바라보는 쉰한 살이라고는 하지만, 과인의 덕이 전대 열성(列

聖)에 비할 때 실로 부끄러운데, **감히 두 선왕에 짝하여 세 사람이 되기를 기약하는 바이다.** …(중략)… 7묘(七廟)에 고유(告由)하여 밝은 제사를 지내고, 이를 『오례의(五禮儀)』에 기록해 후세에 법칙을 남긴다. 은(殷)나라의 삼종(三宗)[208]이 왕위(王位)에 있은 햇수가 가장 장구했던 것은 대개 삼가고 두려워하며 근엄하고 공손한 데에 연유되었고, 기주(箕疇)[209]에 있는 오복(五福)을 때로 모아서 펴 주었으니, 마땅히 왕도(王道)가 탕평(蕩平)하고 정직(正直)한 데에 힘쓸 것이다.

영조는 자신의 나이가 입사에 부족하지만 태조·숙종을 계술한 의의를 밝히는 한편 이를 성문(成文)으로 확정함으로써, 군·사·부 일체의 왕의 존재성과 존엄성을 영속화하려 한다. 나아가 왕위의 장구함과 오복으로 자신이 탕평정치에 진력할 것임을 천명한다. 더불어 영조는 여민동락(與民同樂)의 마음으로 재차 '은택(恩澤)'을 베풀고[210, 211] 기로제신(耆老諸臣)에게 걸언(乞言: 노인에게 좋은 가르침을 구함)의 의리를 요구한다. 이에 기로세신은 '반교신하의' 후, 보답의 의미로 감사의 전문[謝恩箋文]을 올리는 의식인 사전의(謝箋儀)를 거행한다. <그림 9>는 숙종 대처럼 왕이 임어하지 않은 상태에서 약식으로 거행하는 권정례(權停禮: 權停行禮)[212] 장면이다.

그림 9. ≪기사경회첩≫ 제13면, <숭정전진하전도>

숭정전의 닫힌 문은 왕의 부재를 상징한다. 화면 오른쪽 아래 지의(地衣)[213] 위에 사은전문(謝恩箋文)[214]을 올리는 5명의 시임기로당상(신사철, 윤양래, 이진기, 정수기, 이성룡)이 서 있다. 이들은 전날 영조가 어첩을 봉안할 때 배석한 5명과 같으며 ≪기사경회첩≫ 제10면에 수록된 시임기로당상 좌목[표 5]과 제17~20면의 반신 초상화에서 확인할 수 있다.[215]

[표 5] 영조 입기로소의 시임기로당상 명단

	관직명	이름(생~몰)	나이	정파(政派)/특징	비고
1	영중추부사	이의현(李宜顯, 1669~1745)	76	노론/노론의 영수	그림 10.
2	지중추부사	신사철(申思喆, 1671~1759)	74	노론	〃
3	행부사직	윤양래(尹陽來, 1673~1751)	72	노론/탕평책 건의	그림 11.
4	지중추부사	이진기(李震箕, 1646~1746)	92	?	〃
5	지중추부사	정수기(鄭壽期, 1664~1752)	81	소론/신임사화 주동	그림 12.

	관직명	이름(생~몰)	나이	정파(政派)/특징	비고
6	공조판서	이성룡(李聖龍, 1672~1748)	73	노론	그림 12.
7	행부사직	조원명(趙遠命, 1675~1749)	70	소론	그림 13.
8	형조판서	조석명(趙錫命, 1674~1753)	71	소론	〃
9	행부사직	김유경(金有慶, 1669~1748)	76	노론/탕평책 반대	×(외방)
10	지중추부사	이하원(李夏源, 1664~1747)	81	노론/'무신란' 평정	〃

그림 10. ≪기사경회첩≫ 제17면, 좌-신사철, 우-이의현

그림 11. ≪기사경회첩≫ 제18면, 좌-이진기, 우-윤양래

그림 12. ≪기사경회첩≫ 제19면, 좌-이성룡, 우-정수기

그림 13. ≪기사경회첩≫ 제20면, 좌-조석명, 우-조원명

<그림 14>는 진하 의식을 마친 기로당상 5명을 인견한 영조가 경희궁의 경현당에서 베푼 친림 선온(宣醞)[216] 장면이다.[217] 원래 기로연(耆老宴: 耆英會: 養老宴)[218]은 석연(錫宴: 임금이 내려 주는 잔치)의 5작례로 설행되나[219] 10월 초 대왕대비 인원왕후를 위한 내연(內宴)이 예정되어 있어 3작례의 선온으로 축소된 것이다.[220] 오후[申時]부터 시작한 합음이 무르익자 영조는 자신의 '어제(御製)'[221]

그림 14. ≪기사경회첩≫ 제14면, <경현당선온도>

에 화답한 글을 올리도록 한다. 이어 영조는 '금조옥토(金鳥玉兎)'[222]가 새겨진 은병(銀甁, 그림 15 참조)[223] 1벌을 내리며 다음과 같이 말한다.[224]

> 기해년에 성고(聖考, 숙종)께서 이미 은배(銀杯)를 내려 주셨는데, 지금 내가 또 은병을 내리니, 이것을 머물러 두어 기사에서 간수하도록 하라.

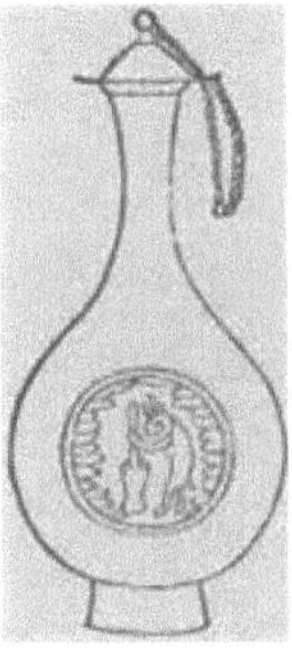

그림 15. 은병[日月甁]
조선시대왕실문화도해사전
(서울대 규장각 한국학연구원)

그림 15-1. 은제주전자
[銀鍍金日月甁], 바닥 지름: 9.5cm, 높이: 29cm, 국립 고궁박물관

그림 15-2. 은제주전자 문양
(달 속의 계수나무 아래 방아를 찧는 토끼)

부왕인 숙종이 입기로소를 기념하는 징표로 남긴 은배와 일습을 이루는 은병은, 계술을 통한 영조의 정통성이 완결되었음을 의미하는 표상이다.

입기로소한 '사실'을 편찬해 먼 후세에 보이도록 하라는 신하들의 청에 따라, 영조는 친히 어첩의 자서문[御帖自敍][225]을 지어 영수각 어첩함에 보관하도록 한다. 그 내용은 기로소의 역사적 의미, 태조와 숙종을 계술한 의의, 자신의 덕행과 은택이 부족하다는 겸양, 그럼에도 역대 왕들의 도움과 백성들의 기대로 입소한 감회, 입사라는 지극한 소원을 이뤘으나 이를 함께할 부왕(숙종)과 형제(경종)가 부재하는 탄식 등을 서술하고 있다. 이런 심경에서 영조는 다음과 같은 훈유(訓諭)를 내린다.

> 그렇지만 역시 나에게도 3가지 장점이 있다.
> 하나, 왕위에 있기는 하지만 마음은 왕자 시절과 다를 바 없다.
> 하나, 학문이 약하기는 하지만 욕심을 꺾으면 괴롭다는 선현들의 훈계를 체득하였다.
> 하나, 궁궐에서 맛있는 음식[玉食] 속에 파묻혀 있기는 하지만
> 스스로는 오히려 담담하게[澹然]하게 생활한다.
> 아! 미래의 임금들이 고사를 추구해서 실천하고 싶다면,
> 이런 마음가짐을 버린다면,
> 무엇을 우선해야 할 것인가?
> 아! 이것은 과장하는 글이 아니다.
> 한편으로는 마음속에 품고 있는 생각을 말함이요,
> 한편으로는 후대의 왕들이 노력하도록 권면함이다.
> 훗날 다시 말하더라도 마음에 부끄러움이 없다.
> 내가 몸소 문장에 이런 생각을 쓰니 아픈 마음이 더욱 절실하다.

앞으로도 이 글을 펼쳐 본다면, 어찌 조심스런 생각이 들지 않겠는가?

초심과 검박함으로 수신(修身)하고 성학(聖學)의 경지를 체득한 군사(君師)로서 입기로소가 어쩌면 당연하다는 영조의 득의와 자신감을 엿볼 수 있으며, 이와 같은 자신의 선례(善例)를 후대의 왕들이 노력해 계속 이어 나가길 당부하고 있다.[226]

여기서 우리는 영조가 '선온'이라는 '형식적 함께 먹기'를 통해, 입기로소라는 현재의 '사실'을 과거의 '기억'을 계승한 또 다른 역사적 '사건'으로 전환해 미래로 영속시키는, 정체성의 재생산·강화의 장(場)으로 활용하고 있음을 알 수 있다. 아울러 영조는 스스로 자신의 입사를 문자로 기록—≪기사경회첩≫의 어제 3편(어제어필, 어제, 어첩자서),[227] 교문(敎文) 등—함으로써, 과거의 기억이 권력화·사회화[228]되는 확증으로 보존시킨다.

제6장

'숭정전갑자진연(崇政殿甲子進宴)'과 '의례적 함께 먹기'

6.1. '숭정전갑자진연'의 정치적 의미

'숭정전갑자진연(이하 갑자진연)'의 설행은 영조가 신하들의 입기로소 품지(稟旨)를 윤허한 당일에 예조판서 이종성 등이 청하며 거론된다. 처음 영조는 "나의 뜻은 단지 고사(故事)를 따르고자 하는 것뿐이었는데, 이와 같이 한다면 이는 내가 예외의 이득으로 진연을 받는 것이다"라며 거부했으나, 대신들은 위로 동조(東朝: 대왕대비 인원왕후)를 받든 특별한 경우[229]라는 이유로 강력히 청한다. 이에 영조는 자신의 겸양보다 대왕대비의 인자한 마음을 편히 해 드리는 효심으로 진연을 받아들인다.[230]

영조는 신하들과 갈등을 겪으며 입소의 뜻을 관철한 며칠 후(1744년 9월 2일), 갑자진연의 개최 여부를 대왕대비께 윤허받는 절차를 거치는 가운데, 자식으로서 효를 행하는 도리와 양로(養老)를 위해 간소한 진연을 개최하는 뜻을 다음과 같이 강조한다.[231]

대신(大臣) 찬집청(纂輯廳)[232] 당상이 입시(入侍)했을 때 전교(傳敎)하시기를, "이번의 진연은 옛날 일을 뒤따라 행하려고 하는 뜻이지 어찌 조금이라도 미리 크게 하려는[豫大] 뜻이 있겠는가. 대신과 제신(諸臣)들이 예(禮)에 따라 정한 것은 비단 나를 위해 올린 관문(關文)[233]이 아니니 자전(慈殿, 仁元王后)께서도 도리를 막아서 이 뜻을 거절하지는 않을 것이니 한 번 여쭤 보지 않을 수 없노라.

(자전께서는 '지금의 이 일은 옛날대로 행하라. 일면으로 감격스럽고 일면으로는 기쁜 마음은 나도 같으니라. 옛날과 같이 행하면 비록 절목(節目)[234] 중의 일도 마땅히 옛날대로 따를 터이니 어찌 더 사양할 수 있겠는가' 하셨다.)

여러 신하들의 청이 진실로 이러하니 내가 먼저 힘써 따르겠다. 더 이상 어찌 사양하겠는가. 우리 자전[慈聖]의 겸손하신 뜻을 어찌 나만 알겠는가. 제신들도 모두 알고 있으니 지금의 하교는 한편으론 기쁜 마음의 표명이시며, 또 한편으론 나에게 자애(慈愛)가 지극하신 것이다. **사람의 자식 된 도리는 양지(養志)[235]가 우선이니 소자(小子)로서 어찌 감히 받들지[奉承] 않겠는가.** 비록 연석(筵席)[236]에서 유시한 뜻이 부모를 기쁘게 하는 데 있을지라도 일을 크게 벌일 수는 없다. 작년의 연향[御宴]은 3가지 잔치를 같은 날에 행하였다. 그 뜻은 화기애애하고 즐거운 모양이 더욱 갖춰지도록 참작한 의도가 있었던 것이다. 이러한 전례가 있는데 지금 어찌 차마 각각 설행하겠는가. 예조(禮曹)로 하여금 이 예의(禮儀)로 거행하게 하라. **외연의 명칭을 진연(進宴)이라고 하나 실은 양로(養老)이다.** 외연 참석자는 기로제신(耆老諸臣) 외에 작년의 예를 따라 내가 자전(慈殿)의 자애로운 마음을 본받음을 보이고, **덕이 부족한 사람이 간소함을 따르는 뜻**을 펴게 하라."

이렇듯, 영조는 갑자진연의 개최 이유를 부모의 뜻을 받든 효[養志]와 연장자에 대한 공경[悌]의 양로(養老)에 두고 있다. 효·제는 유교의 중심 개념인 인(仁: 인간다움의 본질)을 실천할 수 있는 기본 덕목이며, 예(禮)는 효·제의 아름다운 마음을 구체적으로 밖으로 드러내는 방법이다. 따라서 영조는 진연을 통해 자신이 인을 바탕으로 예를 실천하는[克己復禮][237] 군자(君子)이자 예악(禮樂)의 덕치(德治)[238]로 백성들을 편안하게[修己治人][239] 하는 내성외왕(內聖外王)으로서 진연 개최의 명분을 표명한 것이다.

제3장에서 연향의 한 종류인 진연의 역사적·정치적·사회적 맥락에 따른 의미변화를 다룬 바 있다. 조선 시대 전반기의 진연이 성리학의 이상적 이념에 따른 예제(禮制)로 왕권의 위상을 정립했다면, 중반기 이후 정치적으로 상수(上壽: 獻壽)하는 효의 표상으로 한정되면서 점차 규모 및 절차가 축소되었다. 후반기에는 왕실의 특별한 경사를 기념하는 진연으로 간소화되었는데, 영조는 실제적 정치 행위의 기제로 이를 적극 활용했던 것이다.

영조가 진연을 통해 특히 효·제를 강조하는 이유는 무엇인가. 조선 후기 이전의 진연의 효는 왕실의 사적(私的) 부자(父子)관계의 도리보다는, 천명을 부여받은 적통자로 천하를 봉양하는 지극한 효(至孝: 大孝)로 인식되었다.

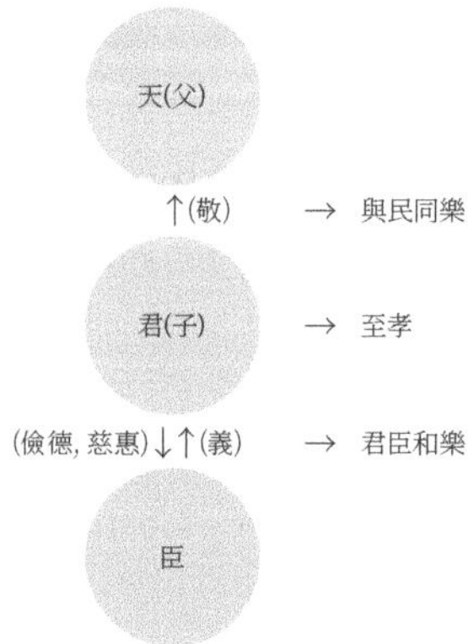

도식 6. 진연과 지효

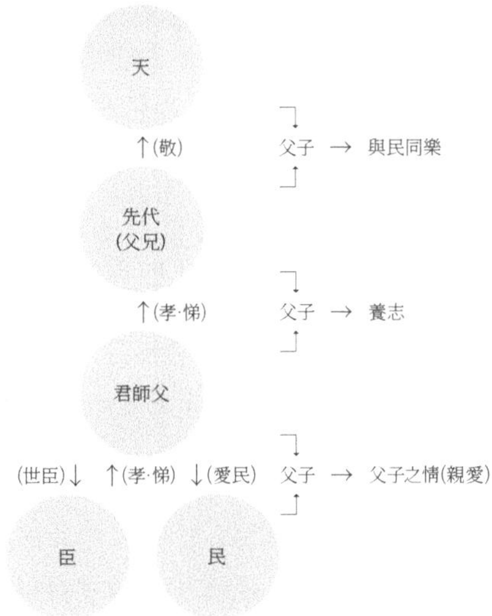

도식 7. 진연과 효제

삼가 듣건대 진연(進宴)을 거행할 것을 이미 결정했다고 하는데 시세를 상고해 보면 해서는 안 될 점이 있습니다. 지금 백성의 일이 참담해 큰 흉년의 재앙이 팔로(八路)[240]가 똑같은 실정이어서 백성의 주검이 구렁을 메울 상황입니다. 게다가 근래 천재(天災)가 마음을 놀라게 하고 태백(太白: 金星)이 낮에 나타나 지금껏 없어지지 않고 있는데 이런 걱정스런 때를 당해 이렇게 성대한 행사를 거행하는 것을 외방 사람들이 듣는다면 장차 어떻게 생각하겠습니까. 더구나 **제왕(帝王)의 효도는 구체(口體)[241]를 봉양하는 데 있는 것이 아니라 실은 종사를 공고하게 하여 백성들이 안락(安樂)을 누리게 하는 데 있는 것입니다.** 내년 봄에 자전을 모시고 온천으로 목욕하러 간다는 말을 들은 것 같은데 내년에 자전의 체후가 평복되고 농사도 풍년이 든 뒤에 성례(盛禮)를 거행해 백성과 즐거움을 함께한다면

어찌 좋은 일이 아니겠습니까. …(중략)…[242]

이에 비해서, 영조가 진연을 통해 강조하는 천부적 효·제는 군·사·부 일체의 군사(君師)라는 자신의 군주상을 다시 천명함으로써, 왕통의 절대성을 강화하는 명분이 되고 있다. 진연은 이러한 객관적 정당성을 재생산하는 정치적 재현 양식이며 신하와 백성은 부자관계로 재설정·재결속된다(도식 7). 예컨대 영조는 군신 관계를 주종(主從)이 아닌 도리적(道理的) 부자와 같다[君臣猶父子]고 밝힌 바 있다.[243]

그런데 영조가 갑자진연의 설행을 간소히 치르도록 독려한다는 점이 주목된다. 예를 들면, 연향을 위한 전문(箋文)[244] 외에 방물(方物)[245]과 물선(物膳)[246]은 동조(東朝)에게만 진헌할 것을 명한다.[247] 영조는 애민과 보민(保民)을 실현하는 가장 좋은 방법이 절용(節用)이고, 그 근본은 검약함을 숭상하는 숭검(崇儉)에 있음을 강조한다. 여기에는 영조가 의도했던 새로운 군주상 내지 제왕학의 체계화라는 점이 내재되어 있다. 즉 군주상으로 군사상(君師像)을 제시하면서 애민의 논리를 통해 국가정책의 지향성을 제시한 것이다.[248]

영조가 갑자진연을 1743년(영조 19)의 어연(御宴)[249]에 따르도록 한 것도 계술의 효와 숭검을 현시하기 위함이다. 영조의 성수 50세 탄신일(9월 13일)를 경하하기 위해 베풀어진 어연은 1710년(숙종 36) 숙종의 50세를 기념한 '숭정전진연'을 전거로 한 것이며, 내연·외연·양로연을 합쳐 하루에 거행하도록 했을 뿐만 아니라 대선(大膳)[250]을 감하도록 명한다.[251]

…(중략)… 이미 대신에게 유시해 **큰 탁자에 진수성찬(珍羞盛饌)을 차리는 것은 이미 감하도록 하였으니(大卓豐膳, 旣已減去)**, 이는 『시경(詩經)』 녹명장(鹿鳴章)[252]의 뜻을 본받은 데에 지나지 않으니, 옛날 신하들을 모아 군

신의 정(君臣之情)을 펼 뿐이다. '어연(御宴)'이라고 이름하여 나의 뜻을 보이려 하니 영화당(映花堂)에서 설행하고, 자전(慈殿)의 연회는 통명전(通明殿)에서 설행하도록 하라.

영조의 '절감행(節減行)'은 성리학적 이념에 따라 안일과 욕망의 표상인 물(物)·욕(欲)· '식전방장(食前方丈)'[253]을 경계하는 '숭절검'의 성군(聖君)으로 왕도정치를 구현하는 것이기도 하지만, 애민을 위하는 군사(君師)의 이미지를 환기시키는 동시에 애민 논리를 강화한 민생 정치를 실현하려는 정치적 의도성이 더 크다고 볼 수 있다.

…(중략)… 천리(天理)는 멀리 있지 않고 다만 내 마음에 있는 것이다. 천리가 비록 높고 멀리 있는 것 같으나 힘써 실천하면 합치할 수 있을 것이요, 힘써 실천하지 않으면 물욕(物欲)에 가리는 것이다. 용군(庸君)[254]과 명주(明主)의 판별은 오로지 천리나 물욕이나, 공(公)이나 사(私)나로 구분되는 것을 너 역시 어찌 모르겠느냐? …(중략)… 방벽사치(放僻奢侈)는 모두 쾌심(快心)에서 연유한 것으로 임금이 착한 일을 하면 백성들이 칭송하고 착한 일을 하지 않으면 모두 비웃으니, 이른바 '종로(鐘路) 거리의 사람이 그 임금을 꾸짖는다.'는 말이 그것이다. '쾌(快)' 자 한 자가 너에게는 병통이니 경계하고 경계하라. …(중략)… 음식은 한때의 영양과 맛[滋味]이요, 학문은 일생의 영양과 맛인데, 배부르고도 체하지 않는 것은 오직 학문이다.[255]

과불급의 사치, 쾌심 등의 지양은 기(氣)의 조화[和]·병들기 전(정치가 어지러워지기 전)의 조섭과 조정[豫], 절욕과 절제[節]로, 미리 그 조짐[機: 機微]을 막는 것을 우선시하는 '식치(食治)'[256, 257]이기도 하다.

그렇지만 영조의 절음식(節飮食)이나 감선(減膳)은 '숭절검'의 덕치(德治)를 현시하거나 건강에 대한 염려[258]만은 아니다. 왕권 강화의 수단이자 군주 리더십의 한 방편[259]으로서 갑자진연에서 빈발한 음식 관련 '절감행'은 영조의 정치 행위와 밀접하다. 영조가 계술한 갑자진연의 전례(前例)인 경인년(1710, 숙종 36)의 진연[260] 및 계해년(1743, 영조 19)의 어연[261]을 전거로 한 갑자진연의 '절감행'을 정리한 것이 [표 6]이다.

[표 6] 갑자진연의 '절감행'

갑자진연	경인년 '숭정전진연'	계해년 '어연'	근거(갑자진연의궤)
절차	준수	참고	계사질 1744.9.4
응참인상(應參人床) 명단	-	준수 (단 참연제신, 기로제신 제외)	감결질 1744.9.4
상차림	준수: 찬안상(饌案床), 대탁(大卓), 대·소선(大·小膳), 찬품(饌品 : 반찬), 기수(器數) (단 찬안상의 인삼정과는 특히 감할 것)	-	계사질 1744.9.5
	-양전삼궁(兩殿·三宮)[262] 대·소선 특히 절감 -내외연상(內外宴床)의 통돼지[大肉], 삶은 닭 절감	-	감결질 1744.9.24
음식-대탁찬안과 대소선 찬품	준수 → 진연 (단 인삼정과는 특히 감할 것)	준수 → 양로연	품목질 1744.9.7
음식-필요 물자	진연소요 물자 → 조정이 전담[263]	-	계사질 1744.9.3
	준수 → 단 진연에 소요되는 쌀 감축 (1,000석→800석, 약 1,153가마니)	-	계사질 1744.9.5
	준수 → 단 절기 맞지 않으면 대용(代用)	-	계사질 1744.9.8

무엇보다 영조는 '부덕한 왕의 간소함과 절약하는 어의(御意)'를 보이려는 의도에서, 자모(慈母)인 대왕대비전을 제외한 갑자진연의 식사 및 비용을 절감하도록 수차례 강조한다.

> …(중략)… 옛말에 이르기를, '앞에 팔진미(八珍味)[264]를 늘어놓더라도 먹는 것은 입에 맞는 음식에 지나지 않는다'라고 하였는데, 어찌 많은 것을 취하겠는가? **내 생각이 단지 비용을 줄이려고 하는 데에 있는 것만은 아니다.**[265]

> …(중략)… 삼가고 두려워하면서 덕을 닦고 반성하는 때에 절약(節約)하는 것이 마땅하다. 외연에서는 대탁(大卓)의 대선(大膳)과 소선(小膳)을 특별히 감해 줄이도록 하고, 내연에서는 동조(東朝)께 바치는 것 이외에는 대전과 중전에는 대탁의 대선을 감하며, 세자 이하에게는 소선을 감하여서 **내외 스스로 비용을 줄이고자 힘쓰는 뜻을 보이도록 하라.**[266]

이와 같은 갑자진연에 대한 영조의 '절감행'은 지난 20여 년간 구축한 군사상의 실체를 신하들에게 환기하는 신호이자 애민(愛民)에 솔선수범하는 정치적 의지의 징표로 작동하고 있다. 갑자진연은 이러한 영조의 뜻(정치적 의도)과 입지(정치적 위상)를 '의례적 함께 먹기'를 통해 대외적으로 가시화하고 공인하는 자리였던 것이다.

6.2. '숭정전갑자진연'의 '의례적 함께 먹기'

영조가 입사한 지 한 달여가 지난 1744년 10월 마침내 갑자진연이 설행된다. 그 명분은 자성(慈聖, 인원왕후)에 대한 효 그리고 양로였다. 먼저 1744년 10월 4일 경희궁 광명전(光明殿)에서 인원왕후의 58회 탄신일을 경하하는 내연(內宴: 慈宴)이 있었고, 10월 7일에는 경희궁 숭정전에서 영조의 입사 및 51세 성수(聖壽)인 망육순(望六旬)과 즉위 20주년을 경하한 외연[267]과 양로연이 어연(御宴)형식으로 베풀어졌다.[268]

그림 16. <숭정전갑자진연도병>(6첩) 부분, 1744년(영조 20), 견본채색, 119.7×334.8cm, 국립중앙박물관

영조는 내연에서 자신이 즉위할 수 있도록 조력한 '정치적 어머니' 인원왕후에게 입사 때 받은 궤장(几杖)[269]을 선보이고, 자신의 기쁨과 뿌듯함을 유감없이

드러내는 한편 인원왕후의 장수를 송축하는 효심을 노래 가사에 담아 올린다.[270]

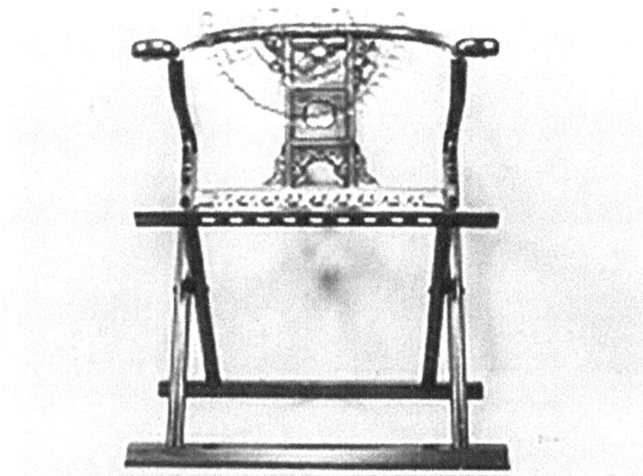

그림 17. 궤(几), 높이 85cm, 국립민속박물관

> 내연의 정일(正日)에 구전(口傳)으로 하교하시기를,
>
> '이번 동조(東朝) 진연에 기로사에 따라다니는 전례는 비록 부모가 있으면 늙었다고 말할 수는 없다는 훈계가 있으나, 궤장을 이미 친히 영수각(靈壽閣)에서 가져와 동조께서 굽어 보시도록 하니 궤장을 앞세우고 이 가사를 노래하도록 도감(都監)에게 알리도록 하라.'

> "보각에 참배하고 궤장을 받아왔도다.
> 동조를 기쁘게 해 드리고자 예연을 크게 열어
> 산처럼 오래오래 사시길 빌면서
> 만수를 비는 잔[萬壽杯]을 드리도다."[271]

영조에게 궤장이 문반(文班)의 최고 영예는 물론 왕통의 정당성과 학자군주[君師]의 권위라는 '군강신약(君强臣弱)'의 표지(mark)라면, 신하들에게는 바로

이 이유로 경계해야 할 왕의 지물(持物)이기도 하다.[272]

> …(중략)… "이것은 곧 조정에서 연로(年老)한 신하에게 하사하는 것입니다. **지금 전하께서 만약 이 궤장을 가지고 몸을 편안하게 하는 물건으로 삼는다면, 장차 국사(國事)를 어디에 두려고 하십니까?** 옛날 사람들의 반우(盤盂)[273]와 궤장에는 모두 명문(銘文)이 있었습니다. 전하께서 만약 이 궤장에 대해 성탕(成湯)의 반명(盤銘)[274]과 무왕(武王)의 장명(杖銘)[275]같이 보신다면 성덕(聖德)에 더욱 빛남이 있을 것이며, 진청(陳請)하는 여러 신하에게도 또한 반드시 빛남이 있을 것입니다. 원컨대 성상의 뜻을 여기에다 유념하소서" 하니, 임금이 가납하였다.

또한 10월 7일의 외연은 주인공 영조의 겹경사를 신료가 경하하는 예연(禮宴)의 '자리'였다.[276] 이것은 의례적 절차의 질서에 따라 연향식(宴享食)을 함께 먹는 공동 식사의 자리인 동시에, 연향식이라는 음식(매체)의 상징적 소비 방식으로 음식을 '주는 쪽'과 '받는 쪽'의 교환관계가 설정됨으로써, 결속과 재질서가 재현되는 '식사정치'[277]의 자리였다. 이날의 함께 먹는 집단은 다음과 같다.[278]

> 임금이 숭정전(崇政殿)에서 신하들의 진연(進宴)을 받았는데, 종신(宗臣)[279]의 도정(都正)[280] 이상과 의빈(儀賓),[281] 시임(時任)·원임(原任) 대신(大臣)과 기구(耆舊)[282]의 여러 신하, 친공신(親功臣)과 문신 정2품 이상에서는 실직(實職)·군함(軍啣)[283]을 논하지 아니하고, 종2품 이상에서부터 당상관 정3품에 이르기까지는 바야흐로 실직에 있는 자와 비록 군함에 있을지라도 나이 70세 이상인 사람들 또한 양도(兩都)의 유수(留守)[284]·기백(畿伯)[285]·승지(承旨)[286]·한주(翰注)[287]·옥서(玉署)[288]·미원(薇垣)[289]·백부(柏府)[290]·춘

방(春坊)[291]에서는 시임에 있는 자들, 음관(蔭官)[292]과 무신 2품 이상에서는 시임 장신(將臣)[293]·실직 총관(摠管)[294]인 사람과 비록 군함에 있을지라도 일찍이 장수의 직임을 지낸 자와 일찍이 동반(東班: 文班)의 실직 곤수(閫帥)[295]를 거친 자 가운데 나이 70세 이상인 자들은 모두 참여하였다.

…(중략)…

진연청(進宴廳)에서 준비한 참석신하들[參宴諸臣]의 단자(單子: 명단)는 영조에게 별단(別單)[296]으로 올려 확정을 받는다.[297] 이때 참연제신은 3가지 기준으로 분류되는데 첫째는 입참(入參)[298]의 여부로 재신(宰臣, 36명) 및 재신 이하(87명)를 포함한 123명의 신료이다. 둘째, 진찬(進饌) 때 입참하는 '혈연적 관계'의 종친·의빈(51명)과 진찬 때 전(殿)에 못 올라가는 '의리적 관계'의 신하들[不陞殿者](61명)로 모두 112명이다. 셋째는 추가된 응참인(應參人, 3명)[299]이다. 이들이 <그림 16>에 등장하는 238명으로 갑자진연의 함께 먹는 집단을 구성하며 배반도(排班圖)의 엄격한 자리 배치로 질서화된다.[300]

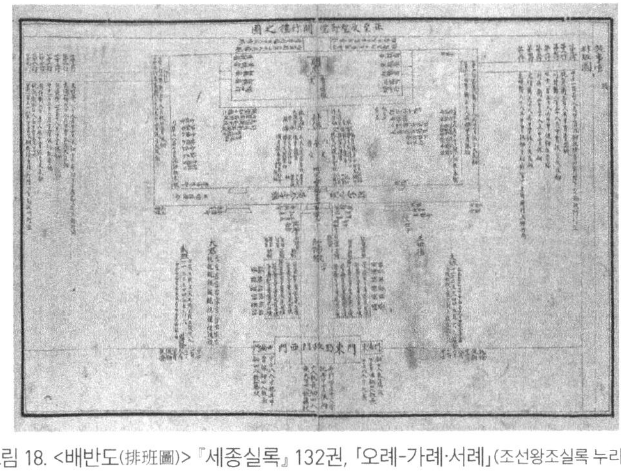

그림 18. <배반도(排班圖)> 『세종실록』 132권, 「오례-가례·서례」(조선왕조실록 누리집)

이러한 외연의 공간 질서는 음양오행의 상징적 방위 공간의 틀에서 참연제신의 신분·관계(官階)에 따른 위계적 대열·순서의 시각 이미지로 재편되어 실제 공간에 재현된다. 그 결과, 갑자진연이 설행되는 숭정전은 보이지 않는 질서가 가시화되고, 정치적·사회적 관계의 '자리잡기'가 이루어지는 '장소'로 전환된다.

'자리잡기'의 실질적 요체는 배위(拜位)[301]와 배설(排設)[302]에 있다. 이들은 동일한 연향식을 '올려 주고[享]', 또 '내려 주는[宴]' '증여-교환 체계'의 '의례적 함께 먹기'를 가능하게 한다. 연향식 중에서도 술[303]과 고기는 특별한 상징 매체이다. 9작례의 제1·2작의 합음(合飮)은 군주에게 헌수(獻酬)로 헌수(獻壽)하는 왕실 친족 및 신료의 정례(情禮)이며, 제3~9작의 행주(行酒: 술을 돌림)는 이들에 대한 군주의 자혜(慈惠)를 의미한다. 갑자진연 외연의 경우에 9작례의 제1작은 왕세자(사도세자)가, 제2작은 영의정(김재로)이 올렸다. 왕세자는 영조의 혈연적 아들이자 장차 대통을 계승할 신하이기도 하며 영의정은 의리적 관계인 신하들의 반수(班首)이다. 따라서 제1·2작은 군사(君師) 영조와 혈연적·의리적 부자관계의 대표자 간 합음으로 효를 상징하는 절차이며, 술은 상호 교접을 통해 결속을 다지는 물질, 즉 매체라 할 수 있다.

또한 제3작부터는 행판중추부사(行判中樞府事)[304] 김흥경(金興慶, 1677~1750),[305] 종신(宗臣) 서평군(西平君) 이요(李橈, ?~?),[306] 금평위(錦平尉) 박필성(朴弼成, 1652~1747),[307] 월성위(月城尉) 김한신(金漢藎, 1720~1758),[308] 금성위(錦城尉) 박명원(朴明源, 1725~1790),[309] 호조판서(戶曹判書, 정2품) 김약로(金若魯, 1694~1753),[310] 영성위(永城尉) 신광수(申光綏, ?~?)[311]가 음주 의식에 따라 차례로 술잔을 올렸다.[312] 제3·4작은 제(悌)의 양로를, 제5·6·7·9작은 왕실 친족의 효를, 제8작은 신하의 효를 의미한다.

진작재신은 진작위(進爵位)에서 왕과 마주함으로써, 왕을 정면으로 바라

보지 못하도록 배치되는 다른 참연제신의 자리와 차별화된다.

그림 19. 진작위에 자리한 진작재신(화면 중앙 부분)

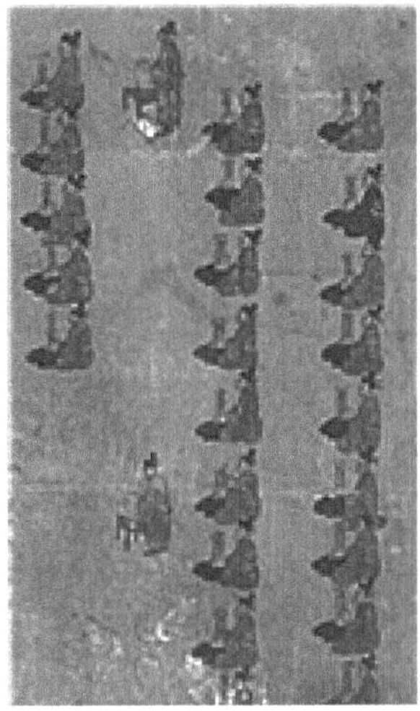

그림 20. 진찬반화를 받은 참연제신

반면 참연제신은 각자의 관계(官階)에 따라 위계적 좌차(座次·座位)[313]를 이뤄 서로 마주보도록 앉으며, 제2작과 제3작 사이에 차례대로 진찬반화[進饌頒花: 술, 외선상(外宣床)[314], 지화(紙花: 綵花)[315]]를 받는다.

외선상의 고기는 사회적으로 억제된 육식(肉食)의 허용으로 군신 관계를 조정·강화해 주는 매체이다. 참연제신을 위한 배설(排設)은 좌차에 따라 배설하는 사람, 배상(排床)의 순서, 시중드는 사람의 지위 등이 순차적으로 서열화·차등화된다.

이와 같은 차별성은 공동 식사의 일률적 요소, 예컨대 외선상—궐반(欮盤)[316]인 원반(圓盤)[317]과 지화로 장식된 개별적 독상(獨床)—이 238명의 참연제신에게 동일하게 배상(排床)됨으로써 더욱 부각된다. 원반은 마치 식탁의 둥근 접시처럼 '함께 먹기'에 임하는 개인에게 질서의 상징을 부과하는 동시에 이것을 형식적 공통성으로 이끌기 때문이다.

그림 21. 원형상[圓盤], 높이 19.4cm, 너비 68.7cm, 국립민속박물관

> …(중략)… 접시는 **개인주의적 형상**을 지닌다. 접시는 거기에 담긴 음식이 전적으로 한 사람만의 몫이라는 사실을 공시한다. 접시의 둥근 모양은 이를 명백하게 보여 준다. 원주는 가장 폐쇄적이고, 모든 내용을 가장 완벽하게 자기 자신 속에 집중시키는 선이다. …(중략)… 접시는 개인의 욕구에 대해서 무엇인가를 부과하는 **질서의 상징**이다. 이것은 구조화된 전체의 한 부분을 구성하는 개인에—다시 말해 식탁의 한 부분을 차지하는 개인에—귀속되지만, 동시에 자신의 한계를 넘어서지 않도록 하는 그 무엇이다. 그러나 **접시는 이러한 상징적 개인주의를 다시금 더 높은 차원의 형식적 공통성으로 고양시킨다**. 하나의 식탁 위에 놓여 있는 접시들은 언제나 전적으로 동일해야만 하고, 그 어떠한 개별성도 용납되지 않는다.
> …(중략)…[318]

다시 말해 숭정전의 전내(殿內)·전외(殿外)·전정(殿庭)을 포괄하는 약 60평 면적의 보계(補階)[319]가 하나의 커다란 '식탁'을 이루며 그 위의 개별 독상은 접시처럼 균등하게 놓이지만, 좌차에 따른 식사의 차별성을 두드러지게 하여 오히려 위계적·차별적 질서를 공고히 하게 한다. 이로써 좌차에 따른 승전자(陞殿者)[320]와 불승전자(不陞殿者)[321]끼리 결속되는 분별적 '수평 질서'가 형성되는 것이다.[322] 한편 주인공 영조는 음양오행의 방위관에 따라 '으뜸'을 상징하는 전내의 북쪽에서 신하들을 향해 남면(南面)한 '식탁'의 상석에 정위한다. 그는 왕으로서 가장 늦게 등장해 먼저 먹으며[初味] 휴식 시간을 가질 수 있고, 또 가장 먼저 식사를 끝내고 자리를 떠날 수 있다. 또한 참연제신이 21그릇의 음식[七味三器]을 원반으로 받는 데 비해, 영조는 49그릇[七味七器]의 찬안상(饌案床: 望床)[323]을 사각형의 찬탁(饌卓: 大卓)에서 의자에 앉아 먹는다. 이러한 '차이'와 '거리 두기'는 '수평 질서'를 포섭한 절대적 '수직 질서'를 표상하며 외연(外宴)의 권력적 공간 질서를 구축한다.

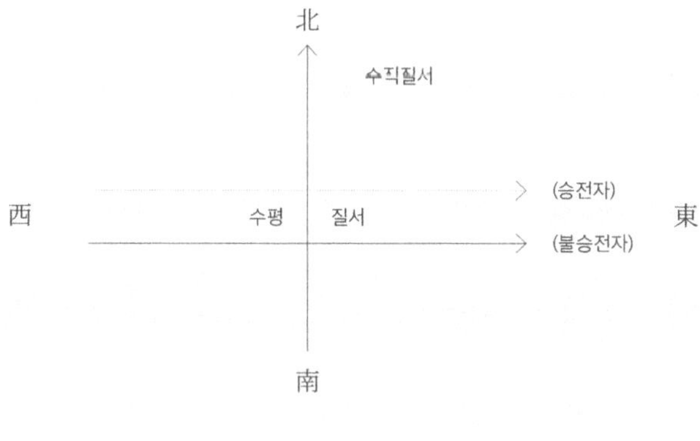

도식 8. 갑자진연 외연의 권력적 공간질서

아울러 영조의 식사는 숭정전 중앙의 가장 높은 곳에서 이루어지며 고족(高足)의 찬안상에 굄새(높이굄)[324]로 쌓은 조과(造菓)[325]와 삼색병(三色餠)[326] 등이 올라가는 물리적 높이와 관계가 깊다. 이 같은 '높이의 권력'은 '의례적 함께 먹기'의 권력적 수직 질서에 기여한다.

그림 22. 영조가 식사하는 찬안상

이러한 권력적 질서구조 속에서 참연제신은 영조가 애민 논리로 솔선수범한 '절감행'의 음식을 함께 먹음으로써, 이를 체화(體化)한 집단적 정체성의 집단 자아(group-self)를 형성하게 된다. 환언하면 갑자진연 외연의 '의례적 함께 먹기'는 영조가 의도한 군사상(君師像)의 정치질서에 편입되는 권력의 내면화를 가시화한 것이라 할 수 있다.

그런데 외연에서 줄곧 좌차의 질서를 벗어난 신하들이 있다. 즉 진작재신을 제외하고 영조를 향해 앉아 있는 10명이다.

그림 23. 기로당상 10명(화면 아랫부분)

이들은 영조의 입기로소를 담당한 10명의 시임기로당상들([표 5] 참조)이나, 외방(外方)[327]에 있어 참연하지 못한 김유경[328]·이하원과 와병 중이던 이의현·조원명 대신에 강화부유수(江華府留守, 3품) 이병상(李秉常, 1676~1748),[329] 동지중추부사(同知中樞府事, 종2품) 홍호인(洪好人, 1674~?),[330] 지중추부사(知中樞府事, 정2품) 이세진(李世璡, 1669~1749),[331] 행부호군(行副護軍, 종4품)[332] 김상두(金相斗, 1674~1751)[333]가 참석해 다소 차이가 있다. 이렇듯 10명을 유지하려는 점은 '10명의 기로당상'이란 상징성을 추정하게 한다. 갑자진연의 설행은 효와 함께 연장자에 대한 공경[悌]의 양로(養老)가 목적이기에, 기로당상 10명은 영조의 주요 손님[賓客]이기도 하다. 갑자진연의 말미에 영조는 이들에게 어연의 일환으로 양로연[334]을 개최할 것과 함께 청백리(淸白吏)[335]이자 노론의 영수인 봉조하(奉朝賀)[336] 이의현에게 따로 음식을 챙겨 주도록 어명을 내린다. 영조의 수운(需雲: 음식)[337]을 받은 이의현의 감격은 컸을 것이다.[338]

> "연회를 마치면 마땅히 옛날에 임금이 신하들에게 연회를 내려 주던 관례에 의해 전전악(殿前樂)을 내려 주고, 의당 그 **남은 찬(饌)을 가지고 본사(本司: 기로소)에 회연(回宴)**하도록 하라" 하고, 음식 한 쟁반을 봉조하(奉朝賀) 이의현(李宜顯)의 집에 보내라 명하니, 그가 노병으로 연회에 참여하지 못했기 때문이다.[339]

이처럼 갑자진연의 음식[餘饌]은 영조의 선물로 주요 인물이나 양로연[耆老宴]을 통해 '재순환(recirculated)'되는데, 마치 '봉과(封裹: 물건을 싸서 봉함)'[340] 의식으로 음식이 참연제신에게 '재투여(reinvested)'됨과 유사하다. 다시 말해 영조가 선물한 연향식은 그의 체현(embodiment)이며 기로제신과 참연제신은 그들이 속한 집단과 '함께 먹기'를 반복하면서 영조와 합체(incorporation)된다. 아울러 영조는 서울과 외방의 서민(庶民)들 가운데 80세 이상인 사람들에게 차등 있게 미곡과 고기를 내려 주도록 하는 '후한 인심'으로, 갑자진연의 본뜻이 양로에 있다는 자신의 의도를 강조하는 동시에 애민 논리를 대외적으로 확산시킨다.

특히 '10명의 기로당상'은 갑자진연의 참연제신 중에서 유일하게 영조가 걸언(乞言)[341]해야만 하는 존재이다. 이것은 옛 성왕(聖王)들이 연락(燕樂)할 때 신하들에게 대도(大道: 周行)를 구하는 성덕(聖德)의 관례로, 기로당상들은 영조에게 억외(抑畏)[342]하는 마음을 더욱 보존하라는 뜻으로 진계(陳戒)[343]하고, 영조는 이를 가납(嘉納)하는 시간을 갖는다. 먼저 영조 앞에 부복(俯伏)한 신사철(申思喆)은 정사에 분발할 것을, 윤양래(尹陽來)는 '인(仁)·덕(德)·공명(公明)을 아울러 가지셨으니 이 세 가지에 더 면려(勉勵)하시기를' 진계한다. 그런데 이성룡(李聖龍)은 영조의 지나친 편안함[太康]을 경계하며 다음과 같이 말한다.

> 성상께서 오늘날 거행하신 일은 위로 자성(慈聖)의 뜻을 본받으신 것이고 **한가로이 편안하게 지내려는 마음에서 나온 것이 아닙니다.** 그래서 『시경』의 「당풍편(唐風篇)」 실솔장(蟋蟀章)[344]에 이르기를, **'지나치게 편안함이 없는가?(無已太康?)'**라고 했으니, 옛날 사람들이 연락(燕樂)할 즈음에 깊이 걱정하고 멀리 염려한 것이 이와 같았던 것입니다. 신은 이것을 가지고 앙면(仰勉)하고자 합니다.

앞서 신사철[345]과 윤양래는 신임옥사로 노론이 숙청될 때 파직과 위리안치로 고초를 겪다가 영조의 즉위와 함께 노론이 재집권하면서 재등용되었다. 따라서 이들의 진계는 형식적 덕담의 수위에 머물고 있다. 반면 간관(諫官)[346] 출신인 이성룡은 정치색보다 원칙에 따른 강한 자기주장으로 파직과 삭직을 당했다가 1741년(영조 17) 가자(加資)[347]로 입기로소한 인물이다. 아마도 이성룡은 애민의 '절감행'을 내세운 군사상의 이미지를 대외적으로 현시한 갑자진연을 빌미로, 영조의 왕권 강화와 일방적 정국 주도를 비판한 것인지도 모른다. 왜냐하면 '실솔장'은 군주의 지나친 검소함을 풍자하는 의미도 있기 때문이다.[348]

이에 대한 영조의 대응 논리는 일단 이성룡의 말을 받아들이되 늙은 자신보다 세자를 보양(輔養)함이 신하의 도리이니, 이성룡 또한 자식으로 하여금 이를 따르도록 강조하고 있다.

> 이 말이 더욱 좋다. …(중략)… 비록 그렇다고 하더라도 나는 이미 늙었으니, 지금 책임을 면할 줄을 알고 있다. 동궁(東宮: 세자)의 나이가 바야흐로 어리므로 더욱 보양(輔養)하는 것이 급하니, 경들의 아뢴 말들을 춘방(春坊)[349]으로 하여금 글로 적어서 동궁에게 올리게 하겠다. 또 임금과 신하의 사이에도 또한 마땅히 서로 힘써야 하는데, 경은 모름지기 경의 자식을 잘 가르쳐서 나의 원량(元良: 세자)을 섬기도록 하라. …(중략)…

나아가 영조는 이성룡과 성향이 같은 그의 자식과 탕평책을 옹호하는 정수기(鄭壽期)[350]의 자식들을 서로 비교해 세자의 보필을 역설하며 대를 이은 충성을 요구한다. 이에 다시 '무이태강'을 진계하는 참연제신이 나오자 공인(工人)들로 하여금 '실솔장'[351]을 즉시 노래하도록 함으로써, 자신의 뜻에 제동을 건 신하들을 압박한다.

> …(중략)… "이 노인(정수기)은 자식을 잘 가르쳤다" 하였는데, 이성룡의 아들 이형만(李衡萬)은 일찍이 간관(諫官)이 되었으나 언사(言事)로 죄를 얻었으며, 정수기의 아들 정우량(鄭羽良)과 정휘량(鄭翬良)은 자못 탕평책을 주

장하였기 때문에 성상의 하교가 이와 같은 데까지 미쳤던 것이다. 이리하여 시임·원임 대신과 유신들이 서로 잇달아 임금에게 경계하는 말을 올렸는데 다시 '지나치게 편안함이 없는가?'라고 말하는 자가 있었으므로, 임금이 말하기를, "조금 전에 춘방관(春坊官)에게 명하여 글로 써서 세자에게 올리라고 하였는데, 원량(元良)이 바야흐로 이 자리에 있으니, 악공(樂工)을 불러서 이 실솔장을 노래하게 하여 동궁에게 들려주도록 하라" 하니, 공인(工人)들이 곧 궁전의 계단으로 나아가 서서 실솔장을 노래하였다. …(중략)…

결과적으로 영조는 등극 후 20여 년의 불안정한 정치 상황을 갑자진연이라는 국가의례의 설행으로 일단락하고, '의례적 함께 먹기'를 통해 자신이 의도한 새로운 군사상을 가시적으로 천명하는 동시에 상하 결속을 다지려 한 것이다. 그러나 입기로소의 강행이 함축하는 영조의 정치적 의도는 갑자진연 당일에 일부 참연제신과의 갈등에서 나타나듯 실제적인 저항을 예고하고 있다. 더욱이 노론계 및 소론계를 아우른 '기로당상 10명'은 긴장된 정국 완화에 기여해 줄 정치적 원로 집단인 동시에 영조와 복합적으로 얽힌 무시할 수 없는 정치집단을 상징한다. 이러한 정치적 판세에서 영조는 이들을 위한 양로연을 또 하나의 '선물'로 준비하게 된다.

제7장

기로연(耆老宴)과 '선택적 함께 먹기'

7.1. 기로연의 정치적 의미

입기로소한 영조가 기로당상들에게 베푼 기로연[352]은 갑자진연의 대미를 장식하는 잔치로, '전전악(殿前樂)을 내려 주고 의당 그 남은 찬(饌)을 가지고 본사(本司)에 회연(回宴)하도록 하라'는 영조의 명을 따른 것이다. 앞서 우리는 영조가 입사한 다음 날(1744.9.10) 경현당에서 기로당상 5명(신사철, 윤양래, 이진기, 정수기, 이성룡)에 대한 친림 선온이, 이날의 본격적 기로연을 위해 약식으로 거행된 것을 살펴보았다(<그림 14> 참조).

<사락선귀사도(賜樂膳歸社圖)>는 갑자진연을 마친 기로당상들이 기로연을 위해 경희궁을 나와 기로소로 돌아가는 광경이다.[353]

그림 24. ≪기사경회첩≫ 제15면, <사락선귀사도>

행렬의 선두에 무동(舞童) 8명이 서고, 그 뒤에 5명이 처용무를 추고 있다. 이들 뒤에는 집박전악(執拍典樂)[354]과 악공들이 3열 횡대로 교방고(敎坊鼓)[355]를 치며 향당악(鄕黨樂)을 연주하는데 그 뒤에 4상(床)의 어선(御膳)이 보인다. 왕실의 상징인 주칠반(朱漆盤)에 놓인 어선은 상서로운 붉은 상보에 덮인 채 호위를 받으며 정중히 옮겨지고 있다. 악(樂)·무(舞)·선(膳) 모두 영조가 하사한 선물이다.

그림 25. 어선 4상(床)

다음 대열은 왕의 선물을 받들어 수행하는 3명의 관직자로, 호랑이 가죽이 깔린 초헌(軺軒)[356]을 탄 진연청 당상관(호조판서 김약로), 백마를 탄 예방승지(禮房承旨, 우승지 조명리), 역시 초헌 위에 앉은 예조판서(이종성)이다. 김약로는 어선을, 이종성은 어악을 주관하며 조명리는 왕명에 따라 특별 파견된 기로연의 감독관이다.[357]

그림 26. 관리 3명

그림 27. 기로당상 6명의 대열

이들의 뒤에는 3명씩 2열 종대를 이룬 기로당상 6명이 남여(藍輿)[358]를 타고 뒤따르고 있다. 영조의 입소부터 갑자진연까지 모두 참여한 신사철, 윤양래, 이진기, 정수기, 이성룡 외에 새로 승자(陞資)된 조석명[359]이다.

3명의 관리와 6명의 기로당상 모두 사모(紗帽)[360]에 왕의 선물인 어사화(御賜花: 帽花)[361]를 꽂고 있다. 행렬의 좌우에는 여러 신분의 백성들이 삼삼오오 귀사(歸社) 행렬을 구경하고 있다.

그림 28. 귀사 행렬을 구경하는 백성들

경희궁부터 기로소까지는 다소 짧은 거리이지만[362] 그 노정은 당시의 '정치 1번지'라는 상징적 공간을 통과한다. 백성들에게는 풍악소리가 거리에 넘쳐나는 궁중의 행렬이 평소에 접하기 힘든 특별한 볼거리였다. 이를 통해 백성들은 영조의 입기로소를 체감할 뿐만 아니라, 영조가 여러 번 베풀어 준 '후한 인심'의 은덕에 감사하며 왕실의 평안과 경사에 기뻐했을 것이다. 이처럼 <사락선귀사도>는 영조를 표상하는 악(樂)·무(舞)·선(膳)의 위상과 이를 선물받은 선택적 집단, 즉 기루당상 6명의 위세는 물론, 백성들과 기쁨을 함께하는 '여민동락'을 포착하고 있다.

7.2. 기로연의 '선택적 함께 먹기'

<본소사연도(本所賜宴圖)>[363]는 비로소 기로소에 도착한 기로당상들이

영수각(靈壽閣) 서쪽 기영관(耆英館)에서 영조가 내린 기로연을 본격적으로 즐기는 장면이다.[364]

그림 29. ≪기사경회첩≫ 제16면, <본소사연도>

갑자진연 이후 행진한 뒤라 기로연은 저녁부터 시작되어 실내 및 보계 위에 촛불을 켰고, 보계 아래의 곳곳에는 횃불을 밝혔다. 어선은 기영관의 북동쪽에 차려져 있고, 그 아래에 술병이 차려진 주탁(酒卓)이 보인다. 그러므로 <그림 25>의 4상은 음식상 3상과 술상 1상임을 알 수 있다.

기영관의 북쪽 중앙의 상석에는 우승지, 예조판서, 호조판서가 정좌해 있고, 서쪽의 방 안에는 '┌' 자 형태로 기로당상 6명이 앉아 있다. 이 중에서 북쪽의 상석에 홀로 앉은 기로당상은 신사철로 추정된다.[365] 방 밖에는 신사철의 아들 영성위 신광수, 윤양래의 아들 용인현령 윤지언, 이성룡의 아들 전(前) 정언(正言)[366] 이형만 등 참연 기로제신의 자제(子弟)들이 자리하고 있다. 이들 중 사모에 사화(賜花)를 꽂은 인물이 진작재신인 신광수이고, 영조에 대한 언사(言事)로 물러난 이형만이 갓과 도포 차림의 자제들 중 1명으로 보인다.[367]

그림 30. 기로당상 6명과 자제들

기로연 참석자 모두 영조가 하사한 어선과 지화(紙花)가 놓인 원반의 독상을 받은 상태이다. 이들을 위한 어선과 술은 머리에 꽃을 꽂은 여령(女伶)[368]들이 나르고 있다. 나머지 여령 2명과 무동 2명 그리고 5명의 처용무는 집박전악의 지휘에 따라 교방고가 힘차게 울리는 가운데 악공 13명의 연주에 맞춰 흥겹게 춤을 추고 있다. 기로연의 참연자들은 왕이 선물한 악·무·선을 즐기며 흥을 돋우는 모습이다. 이날의 분위기는 '밤이 새도록 즐겁게 마시다'[369]로 표현되고 있는데, 크게 풍악을 울리고 잔을 권해 모두 취한 뒤에 서로 부축할 정도가 되었을 때 파하는 것이 기로연·기영회(耆英會)[370]의 관례이다.

사방이 고요해야 할 통금 시간[371]에 먹고, 마시고, 노래하고 춤추는 왁자지껄 흥겨운 잔치판은 엄숙하고 장중(莊重)했던 갑자진연의 '의례적 함께 먹기'와 대비된다.[372] 물론 갑자진연에서도 군신 간 의(義)를 다지는 의례적 연향[湛露][373]으로 '양껏 마시도록' 허용하지만, 위계적 질서의 범주 내에서 용인되는 것이다.[374] 반면 기로연은 본격적인 '취하기'가 전제되며 금기의 위반을 허용하는 왕의 절대적 권력과 그 대상인 원로대신들의 특권을 현시한다.

특히 이번 기로연에 참연한 5명의 기로제신은 '10명의 기로당상'의 주요 인물들로서, 영조의 입기로소를 담당했으며 그와 다양한 방식의 함께 먹기를 해 왔다. 이를 정리한 것이 다음의 [표 7]이다.

[표 7] '10명의 기로당상'의 함께 먹기

	구분	참여수	기로당상 명단(≪기사경회첩≫)									
			이의현	신사철	윤양래	김유경	이진기	정수기	이하원	이성룡	조원명	조석명
1	〈영수각친림도〉 : 어첩봉안의식 (1744.9.9)	5	× (와병)	○	○	× (외방)	○	○	× (외방)	○	× (와병)	×
2	〈숭정전진하전도〉 : 반교진하의식 (1744.9.10)	5	×	○	○	×	○	○	×	○	×	×
3	〈경현당선온도〉 : 선온 (1744.9.10)	5	×	○	○	×	○	○	×	○	×	×
4	〈숭정전갑자진연도병〉 : 진연[御宴] (1744.10.7)	6 (10)	△ →대체 *음식하사	○	○	× →대체	○	○	× →대체	○	× →대체	○ (승자)
5	〈사락선귀사도〉 : 귀사(歸社)행진 (1744.10.7)	6	×	○	○	×	○	○	×	○	×	○

	구분	참여수	기로당상 명단(≪기사경회첩≫)									
			이의현	신사철	윤양래	김유경	이진기	정수기	이하원	이성룡	조원명	조석명
6	〈본소사연도〉 :기로연 (1744.10.7)	6	×	○	○	×	○	○	×	○	×	○
		(+α)		+자제	+자제		+자제	+자제		+자제		+자제
행사참여			0	6	6	0	6	6	0	6	0	3
함께 먹기			*1	3	3	0	3	3	0	3	0	2

이와 같이 영조의 입기로소 관련 주요 행사는 6번 치러졌으며 여기에 모두 참여한 기로당상은 신사철, 윤양래, 이진기, 정수기, 이성룡 등 5명이다. 이들은 또한 영조와 3회의 함께 먹기, 즉 선온이자 약식 기로연으로 입소의 절차적 의식인 '형식적 함께 먹기'([표 7] - 3), 영조의 성수(聖壽) 및 입사를 경하하고 대외적으로 가시화한 갑자진연의 '의례적 함께 먹기'([표 7] - 4) 그리고 영조가 친림하진 않았으나 양로의 뜻을 강조하며 베푼 기로연의 '선택적 함께 먹기'([표 7] - 6)에 모두 참연한 것이다.

그러므로 '10명의 기로당상' 중에서 위의 5명이 영조가 함께 먹는 주요 대상으로 선별·포함한 집단임을 알 수 있다. 이러한 '함께 먹기'의 빈발은 영조의 반복적·집중적 선물로 자신의 입기로소에 대한 반대급부인 동시에, 노론·소론을 대표하는 사대부 원로 집단인 기로제신이 조정(朝廷)에 미치는 영향력을 조절하기 위한 영조의 포섭 행위이자 '식사정치'라 할 수 있다. 와병 중이던 노론의 영수 이의현에게 별도의 음식을 보낸 영조의 행위 역시 정치적 판세를 고려한 상징성을 갖는 것이다. 더욱이 영조는 갑자진연에서 '남은 음식'과 술을 자신의 또 다른 선물로 적극 이용해, 그가 선별한 특정 집단에 되먹여 상호 결속을 강화하는 매체로 활용하고 있다.[375] 이것을 '증여-교환 체계'로 정리하면 <도식 9>와 같다.

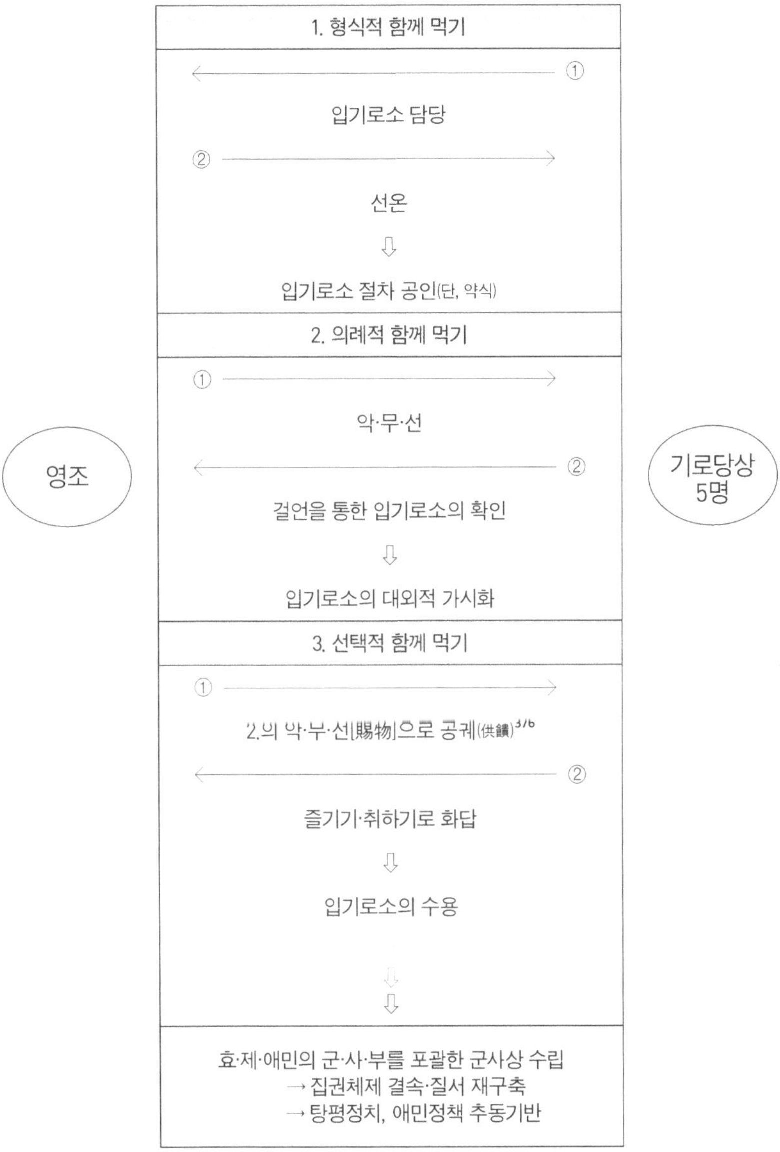

도식 9. 음식 매체를 통한 함께 먹기의 '증여-교환 체계(영조 20년의 경우)

한편 영조는 기로연이 설행되고 있던 즈음에 종부(宗府: 宗親府)[377]에서 열린 기영회에 친림했던 것으로 보인다. 여기서 영조는 합음과 어찬(御饌)의 하사로 금평위 박필성을 각별히 대한다.

> 금평위(錦平尉)는 곧 효종[孝廟]의 부마였는데,
> 이때 나이가 90세였으므로 특별히 명해 지팡이를 붙들고
> 전(殿)을 올라와 술잔을 올리게 하였다.
> 임금이 술잔을 들고서 말하기를, "특별히 경(卿)을 위해 조금 마시겠다" 하고,
> 이어 어찬(御饌)을 내려 주어 자손들과 더불어 같이 즐거워하게 하였다.[378]

이러한 영조의 행동은 선조(先祖), 즉 '효종-현종-숙종'에 대한 효와 예우라 할 수 있다. 더불어 합음에 의한 결속과 어찬의 되먹임을 통해, 자신이 '3종혈맥'의 종통(宗通)을 계승하고 있음을 종친들에게 재인식시키는 한편, 이를 근간으로 한 애민의 군사상을 재천명한 것으로도 볼 수 있다. 기영회의 말미에 비국(備局: 備邊司)[379]에 하교한 내용이 이를 반증한다.

> **나의 한결같은 마음은 위로 선왕조(先王朝)를 추모하고 아래로 백성들을 긍휼히 여기는 것이다.** 계술(繼述)하는 방도는 따라서 보호하는 것이 중한데, 무릇 백성을 보호하고 백성을 구제하는 정치에 관계되면 부지런히 강구할 것이고 또한 여러 도(道)와 여러 고을에 마땅히 신칙(申飭)[380]하여 백성을 **긍휼히 여기는 정책을 다하기에 힘쓰도록 하라.**[381]

위와 같은 영조의 하교는 지금까지 살펴 본 '함께 먹기'를 통해 영조가 의도한 정치적 메시지를 함축하고 있다. 즉 군·사·부를 아우른 군사상의 애민 논리를 대외적으로 가시화하는 데 머물지 않고, 실제적 정책으로 운용하려는 영조의 정치적 의지가 발현되고 있는 것이다. 여기에 영조가 몰두한 '식사정치'의 실질적 함의가 있다.

에필로그

일반적으로 잔치는 경사를 맞은 주인이 음식을 차려 놓고 손님을 청해 먹으며 즐기는 일로, 손님을 접대하는 방식이 보통 이상인 경우에 해당한다. 즉 나눠 먹거나 되먹이는 특수한 방식의 '함께 먹기'인 잔치를 통해 일방의 경사는 함께 먹는 집단의 비일상적 '사건'으로 공유되고, 음식을 매체로 한 환대 행위로 상호 결속을 강화시키게 된다. 이러한 잔치의 '상징적 힘'은 음식이 하나의 자기표현 매체로 작용한다는 사실과 함께 먹는 접대 방식이 의례적 소비 문맥(context)상 구문론(syntax)을 구성한다는 데서 기인한다. 왜냐하면 음식은 우리 뱃속으로 섭취하게끔 만들어진 "체현된 물질문화"로 매우 강렬한 상징 매체가 되기 때문이다.[382]

이 책에서 다룬 조선 왕실의 잔치, 연향 역시 위와 같은 잔치의 일반적 속성을 갖는다. 단 그 문맥과 구문론은 철저히 성리학의 이념적 틀에서 읽어야만 한다. 연향은 조선왕조가 성리학을 지배 이념으로 지향한 왕도정치의 기제로 덕치·예치를 실현하는 국가의례[嘉禮]이기 때문이다. 예의 본체는 경(敬)이며 예의 용(用)은 질서라는 성리학적 지배 질서에서, 군왕은 의례의 중심[383]이며 신하는 공치(共治)로 군왕을 보필하는 지배계층이다. 따라서 연향은 '정치적 함께 먹기(political commensality)'의 성격이 강할 수밖에 없으며 신료는 군왕이 중점을 둬야만 할 '함께 먹는 집단'이 된다. 이때 연향식의 술과 고기는 군신 관계의 화락·화친을 표상하는 매체이며, 음식을 올려 주고[享] 또 내려 주는[宴] 선물 교환 '행위'로 상하 질서를 조율하는 도리를 다하게 한다.

특히 조선의 왕은 내적 수양과 겸양이 곧 통치자의 기본 자질로 간주되었다. 가령 산해진미·팔진미·식전방장 등은 왕의 안일과 욕망의 지표로, 왕의 위엄과 권위를 표상하는 검덕[盛德]을 저해하는 것들이다. 아울러 연향은 왕의 '숭절검'을 대외적으로 현시하는 한에서 인정될 수 있었다. 그 이유는 성리학적 이념을 준수한 절약·검소의 '함께 먹기'로 군왕의 여민동락(與民同樂: 與民偕樂)[384]이 가능하다는 데 있다. 따라서 연향은 국가 예전(禮典)에 명시된 의주(儀註)를 준수하는 '의례적 함께 먹기'의 절차·방식을 통해 성군(聖君)의 역량을 가시화함으로써, 상하 협력과 조화를 도모하는 '식사정치의 자리'라 할 수 있다.

무엇보다 영조의 '식사정치'에 주목했던 이유는 조선 후기의 역사·사회적 맥락에 따라 연향이 '진연'으로 간소화될 수밖에 없었던 상황에서 영조는 이를 후대까지 지속된 전범으로 재정비했을 뿐만 아니라, 자신의 정치적 한계상황과 관련해 실질적으로 운용함으로써 '식사정치'의 면모를 상세히 살펴볼 수 있게 했기 때문이다. 예컨대 불안정한 정치 환경에서 등극한 영조는 애민·효제를 기반으로 한 군사상(君師像)의 정치 논리를 구축, 정국 안정 및 왕권 강화를 도모했으며 형식적·의례적·선택적 성격의 '정치적 함께 먹기'를 주도적으로 적극 활용해 자신의 상징적 위상과 정치적 '힘'을 가시화·차별화했다. 이러한 '함께 먹기'의 외연은 효·경로를 표방하지만, 여기에는 '함께 먹는 집단'의 정치적 의도와 정치 행보에 밀접한 정국 주도의 힘겨루기가 내포되어 교차하고 있는 것이다.

이와 같은 양상은 '함께 먹기'의 보편성, 즉 고도의 상징 매체인 음식(물)의 특수한 소비 방식에 의한 관계 맺기의 조정, 질서의 '차이' 재구축, 정체성의 재생산, 추상적 힘의 현시(displaying power), 사회적·정치적 결속 및 통합의 강화 등과 다름없다. 따라서 연향도 '함께 먹기'의 한 유형으로 볼 수 있다. 그러나 연향은 성리학을 근간으로 한 조선 왕실의 잔치로서, 그 이념적 틀로 한정된 본말론적(本末論的)인 의미망의 명분 쌓기가 특징임을 확인할 수 있었다. 이것이 한국적 '함께 먹기'의 하나인 연향의 의미론적 특수성이라 하겠다.

참고문헌

『경국대전(經國大典)』

『경종실록(景宗實錄)』

『논어(論語)』

『맹자(孟子)』

『서경(書經)』

『세종실록(世宗實錄)』

『승정원일기(承政院日記)』

『숙종실록(肅宗實錄)』

『시경(詩經)』

『약천집(藥泉集)』

『영조실록(英祖實錄)』

『영조어제훈서(英祖御製訓書)』

『입학도설(入學圖說)』

『예기(禮記)』

『조선경국전(朝鮮經國典)』

『주역(周易)』

『중용(中庸)』

『춘추좌전(春秋左傳)』

『현종실록(顯宗實錄)』

『효종실록(孝宗實錄)』

『태조실록(太祖實錄)』

『태종실록(太宗實錄)』

고성훈. 2013. 『영조의 정통성을 묻다』. 성남: 한국학중앙연구원출판부.

국립고궁박물관 엮음. 2013. 『조선궁중의 잔치, 연향』. 파주: 글항아리.

국립중앙박물관 미술부 편저. 2008. 『왕의 글이 있는 그림, 御製』. 서울: 국립중앙박물관.

금장태. 1999. 『한국유학의 탐구』. 서울: 서울대학교출판부.

김덕진. 2008. 『대기근, 조선을 뒤덮다』. 서울: 푸른역사.

김문식. 2007. 『정조의 제왕학』. 파주: 태학사.

김백철. 2015. 『두 얼굴의 영조』. 파주: 태학사.

김상보. 2006. 『조선시대의 음식문화』 창원: 가람기획.

김용숙. 1987. 『조선조 궁중풍속연구』. 서울: 일지사.

김은영. 2003. "산대와 채붕." 『생활문물연구』 제10호: 1-17.

김종수 역주. 2017. 『영조의 기로소 경축 연향을 담다, 譯註 英祖甲子進宴儀軌』. 서울: 민속원.

김현자. 2012. "서평: 마르셀 모스의 『증여론』." 『인문논총』 제68집: 495-508.

김호. 2013. 『조선 시대 食治論 -'閑情의 養生'에서 '濟衆의 備急'으로』. 경인교육대학 기초연구과제총서.

단국대 동양학연구소. 1996. 『한국한자어사전』 권4 서울: 단국대학교출판부.

문화재관리국 발행·국민대한국학연구소 주관. 『宮中文化再現行事 考證硏究叢書 2, 조선 시대 양로연의례와 어연의례의 연구』(1997.12.26).

민중서림편집국 편저. 2007. 『漢字大字典』. 파주: 민중서림.

박광용 2014. 『영조 시대를 만든 사람들』. 성남: 한국학중앙연구원출판부.

박영규. 2005.『한국미의 재발견, 제10권-목칠공예』. 서울: 솔출판사.

박정혜. 2000.『조선시대 궁중기록화 연구』. 서울: 일지사.

박정혜. 2013.『영조 대의 잔치그림』. 성남: 한국학중앙연구원출판부.

서울특별시사편찬위원회편집부. 2009.『서울지명사전』. 서울특별시사편찬위원회.

세종대왕기념사업회 한국고전용어사전편찬회편. 2001.『한국고전용어사전』. 서울: 세종대왕기념사업회.

송방송·고방자 외. 1998.『한국음악사료연구회 국역총서 1, 국역영조조갑자진연의궤』. 서울: 민속원.

안태욱. 2014.『궁중연향도의 탄생』. 서울: 민속원.

엄소연·서종석. 2017. "연향의 정치학 -영조대 '숭정전갑자진연'을 중심으로."『세미오시스 학술총서 7, 세미오시스의 매체성과 물질성』. 서울: 한국외국어대학교 지식출판원.

오누키 에미코/박동성. 2001.『쌀의 인류학』. 서울: 도서출판 소화.

윤사순. 1984.『동양사상과 한국사상』. 서울: 을유문화사.

이경구. 2004. "[특집: 영조 후반기 탕평정치의 변화와 정치 세력의 동향], 1740년(영조 16) 이후 영조의 정치 운영."『역사와 현실』53: 23-44.

이근호. 2011. "영조대 중반 어제훈서의 간행 양상과 의의:『어제대훈』과『어제상훈』을 중심으로."『장서각』26: 68-101.

이남희. 2013『영조의 과거, 널리 인재를 구하다』. 성남: 한국학중앙연구원출판부.

이범직. 1991.『한국중세예사상연구』. 서울: 일조각.

이범직. 2004.『조선시대 예학연구』. 서울: 국학자료원.

이시진. 1994.『본초강목』. 서울: 의성당.

이영춘. 2013. 『영조의 어머니, 숙빈 최씨』. 성남: 한국학중앙연구원출판부.

이재룡. 1995. 『조선 예의 사상에서 법의 통치까지』. 서울: 예문서원.

이혜경. 2004. 『철학 텍스트들의 내용 분석에 의거한 디지털 지식자원 구축을 위한 기초적 연구, 맹자』(『철학사상』 별책 제3권 제7호). 서울: 서울대학교 철학사상연구소.

이혜련. 2014. 『정순왕후, 수렴청정으로 영조의 뜻을 잇다』. 성남: 한국학중앙연구원출판부.

이철. 2013. 「조선 進宴 의례 연구-주권의 재현을 중심으로-」. 경희대학교 박사학위논문.

임영주. 2004. 『한국의 전통문양』. 서울: (주)대원사.

장서각연구소 편. 2011. 『장서각에서 옛 기록을 만나다』. 성남: 한국학중앙연구원출판부.

장필기. 2014. 『영조 대의 무신란, 탕평의 길을 열다』. 성남: 한국학중앙연구원출판부.

전경욱. 2014. 『한국전통연희사전』. 서울: 민속원.

정도전/정병길 편저. 2009. 『(증보) 삼봉집』 2. 파주: 한국학술정보(주).

정만조 외. 2012. 『영조의 국가정책과 정치이념』. 성남: 한국학중앙연구원출판부.

정재훈. 2005. 『조선전기 유교 사상 연구』. 파주: 태학사.

조진희. 2001. 「權近의 天人心性論 硏究: 『入學圖說』을 중심으로」. 연세대학교 석사학위논문.

주영하. 2014. 『장수한 영조의 식생활』. 성남: 한국학중앙연구원출판부.

지두환. 2014. 『영조의 딸과 사위』. 성남: 한국학중앙연구원출판부.

최봉영. 2013. 『영조와 사도세자 이야기』. 성남: 한국학중앙연구원출판부.

파울 슈티히/황대현. 2007. 『근대 초기 매체의 역사』. 파주: 도서출판 한울.

한복진. 2005. 『조선시대 궁중의 식생활문화』. 성남: 서울대학교출판부.

한국정신문화연구원 편. 2007. 『조선후기 궁중연향문화』 권1. 서울: 민속원.

한정수. 2011. "고려시대 국왕 잔치의 양상과 그 성격." 『歷史敎育』 118: 51-85.

한정수. 2012a. "고려 말 국왕 잔치의 양상 및 왕권." 『歷史敎育』122: 39-67.

한정수. 2012b. "여말선초 국왕잔치의 문제와 연향(宴享)의 성립." 『조선시대 사학보』 Vol.62: 5-34.

함규진. 2010. "조선 역대 왕들의 감선(減膳): 그 정치적 함의." 『한국학연구』 Vol.34: 247-273.

홍상훈 역. 2013. 『홍루몽: 인명, 용어사전』. 서울: 솔출판사.

Luhmann, Niklas/장춘익. 2012. 『사회의 사회』. 서울: 새물결.

Mauss, Marcel. 1923~24. *Essai sur le don: Forme et raison de l'échange dans le sociétés archaïques.* <L'Année Sociologique>; 마르셀 모스/류정아. 2002. 『증여론』. 파주: 한길사.

Simmel, Georg. 1910. *Soziologie der Mahlzeit: Der Zeitgeist, Beiblatt zum Berliner Tageblatt*; 게오르그 짐멜/김덕영, 윤미애. 2005. 『짐멜의 모더니티 읽기』. 서울: 새물결.

Dietler, Michael. 1996. "Feasts and commensal politics in the political economy: food, power, and status in Prehistoric Europe." In *Food and the Status Quest: An Interdisciplinary Perspective*. eds. P. W. Wiessner and W. Schiefenhövel, 87-125. Providence, RI: Berghahn Books.

Dietler, Michael. 2001. "Theorizing the feast: rituals of consumption, commensal politics, and power in African contexts," In *Feasts: Archaeological and Ethnographic Perspectives on Food, Politics, and Power.* eds. M. Dietler and B. Hayden, 65–114. Washington DC: Smithsonian Institution Press.

Insoll, Timothy. ed. 2011. *The Oxford Handbook on the Archaeology of Ritual and Religion.* New York: Oxford University Press.

<불교신문> 제2729호(2011.6.22).

www.culturecontent.com.

www.gogung.go.kr.

www.museum.go.kr.

www.sillok.history.go.kr.

미주

1 『경국대전(經國大典)』 권1, 「이전(吏典)」, 정이품아문(正二品衙門), 육조(六曹).

2 예(禮)의 발생은 원래 무속 중의 금기(禁忌)에서 비롯되었다고 한다. 신성과 부정을 가려 행위하려는 데서 예가 비롯되었다는 것이다(윤사순 1984, 47).

3 문화재관리국 발행·국민대한국학연구소 주관 1997, 7-14 참조.

4 한정수, 2011 참조.

5 기름지고 맛이 좋은 음식 또는 하얀 쌀밥을 일컫는다.

6 『서경(書經)』 1編, 「홍범(洪範)」.

7 오누키 에미코/박동성 2001, 15-16.

8 '수라'는 몽고말로 탕미(湯味)를 뜻한다. 수라상에 관해서는 김용숙 1987, 한복진 2005, 김상보 2006 참조.

9 『태조실록(太祖實錄)』 1권, 1392년(태조 1) 7월 20일 3번째 기사: 사헌부가 태조에게 상소한 사의10조목은 ① 기강을 세우는 일[立紀綱], ② 상 주고 벌주는 것을 분명히 하는 일[明賞罰], ③ 군자와 친하고 소인을 멀리하는 일[親君子遠小人], ④ 간하는 말을 받아들이는 일[納諫諍], ⑤ 참언을 근절하는 일[杜讒言], ⑥ 안일과 욕망을 경계하는 일[戒逸欲], ⑦ 절약과 검소를 숭상하는 일[崇節儉], ⑧ 환관을 물리치는 일[斥宦官], ⑨ 승니를 도태시키는 일[汰僧尼], ⑩ 궁궐을 엄중하게 하는 일[嚴宮闈]이다.

10 중국 주(周)나라 때 예(禮)를 확립한 주공(周公)이 지었다고 전해지는 책이다. 『의례(儀禮)』, 『예기(禮記)』와 더불어 유학의 삼례(三禮)라고 한다.

11 유학의 한 분파로 중국 송(宋) 대에 발달한 정주학(程朱學) 또는 주자학(朱子學)의 별칭이다.

12 『역경(易經)』, 『서경(書經)』, 『시경(詩經)』의 삼경(三經)에 『예기(禮記)』와 『춘추(春秋)』를 더한 것이다.

13 중국 주나라 주공(周公)이 성왕(成王)에게 군주의 도리를 설명하면서 특히 안일함에 빠져서는 안 된다고 경계한 글이다(세종대왕기념사업회 한국고전용어사전편찬회 편 2001 참조).

14 『서경』 주서(周書)의 편명이다. 중국 하(夏)나라 우(禹) 임금이 홍수를 다스릴 때 하늘로부터 받은 낙서(洛書)를 보고 만들었다고 하는 홍범구주(洪範九疇)가 전한다. 홍범은 세상의 큰 규범이라는 뜻이며, 구주는 9개의 조항으로 곧 9조목의 큰 법 또는 정치 이념을 말한다.

주나라 무왕(武王)이 기자(箕子)에게 선정(善政)의 방법을 물었을 때 기자가 홍범구주로 교시했다고 전해진다(같은 책).

15 1390년(공양왕 2) 권근이 초학자들을 위해 성리학의 기본 원리를 40여개의 도상과 도해로 설명한 일종의 입문서이다. 목판본으로 전집 단간본과 전·후집 합간본의 2가지가 있다.

16 『입학도설』 序文: "… 송나라 주돈이(周敦頤)의 『태극도설(太極圖說)』을 바탕으로 주희(朱熹: 朱子)의 『중용장구(中庸章句)』를 참고해 도식(그림)을 그리고 선현들의 해설을 참조해 내용을 설명했다…."

17 사물을 체(體: 본체)와 용(用: 작용, 현상)으로 해명하는 이론이다. 이하 『입학도설』의 내용에 관한 설명은 금장태 1999와 조진희 2001 참조.

18 맹자가 말했다. "사람이 배우지 않아도 할 수 있는 것은 타고난 능력[良能]이고, 생각하지 않아도 아는 것은 타고난 지능[良知]이다. 두세 살 난 어린아이는 누구나 어버이를 사랑할 줄 알고, 커서는 윗사람을 공경할 줄 안다. 어버이를 친애하는 것은 인(仁)이고, 윗사람을 공경하는 것은 의(義)이다. 그렇게 할 수 있는 것은 다른 이유 때문이 아니라 모든 사람들이 인과 의를 보편적으로 지니고 있기 때문이다."(이혜경 2004, 88-89).

19 마음을 간직해 성품을 배양하고[存養], 자신의 생각과 행위를 살피고 반성하는[省察] 것을 뜻한다.

20 『대학(大學)』에서 도를 실천하는 8조목 중 하나이다. 사물을 깊이 연구해[格物] 지식을 넓히는 것[致知]을 뜻한다.

21 아름다운 광채로 풀이되며 멋을 뜻한다.

22 敬의 형성(形聲)은 攴[形]와 苟[聲]로 만들어진 글자이다. '苟'는 머리를 특별한 모양으로 하고, 몸을 굽혀 신에게 비는 모양을 본뜬 것이다. '攴'는 어떤 동작을 하다의 뜻이다. 비는 사람의 등 뒤에서 쳐서 삼가는 태도를 촉구하는 모양에서, '삼가다, 공경하다'의 뜻을 나타낸다(민중서림편집국 편저 2007, 895).

23 『논어(論語)』: "예는 천리의 절문, 인사의 의칙이다(禮者, 天理之節文, 人事之儀則也)." 이 말은 『예기(禮記)』에도 실려 있다.

24 조선 초기의 예법은 『주례(周禮)』의 「가례(嘉禮)」와 유가의 예법 의장인 『주자가례(朱子家禮)』(송나라)를 근간으로 만들었다.

25 『서경』 「순전(舜典)」: "오례(五禮)를 정비했다"; 마융(馬融)의 주(註); "오례는 길(吉)·흉(凶)·빈(賓)·군(軍)·가례(嘉禮)라 했다"와 『주례』 권18, 「춘관대종백(春官大宗伯)」: "길례로써 나라의 귀신을 제사하고, 흉례로써 나라의 우환(憂患)을 슬퍼하고, 빈례로써 다른 나라들과 친하고, 군례로써 나라들과 화합하고, 가례로써 만백성과 친한다"라고 했다. 국가의례는 오례, 오례의(五禮儀)로 집약되며 연향은 가례(嘉禮: 왕실의 경사스러운 의식 총칭)에 해당한다.

26 『태조실록』 1권, 1392년(태조 1) 7월 20일 3번째 기사는 조선 시대 연향을 처음 언급한 기록이다.

27 사대부와 서인(庶人)의 관혼상제(冠婚喪祭) 관련 의례이다.

28 8권 6책, 한국학중앙연구원 장서각 소장. 『국조오례의』는 한국과 중국의 거의 모든 예서(禮書)를 참고했다 볼 수 있다(이범직 1991, 407-421).

29 6권 4책, 보물 제1521호, 개인 소장. 조선왕조 건국 전후부터 1484년(성종 15)에 이르기까지 약 100년간의 왕명·교지·조례 중 영구히 준수할 것을 모아 엮은 법전이다. 이 중 예전 61항목은 시험과 외교 의례 등을 수록했다.

30 정도전, 『조선경국전(朝鮮經國典)』下, 「헌전(憲典)」, 범간(犯姦): "옛적에 성왕(聖王)이 예를 마련하고 그 정욕을 절제하고 형벌을 마련해 그 음사(淫邪)를 제지한 것은 지극한 다스림[至治]을 일으키고 풍속을 아름답게 한 것이다… 대개 예에서 벗어나면 반드시 형[刑罰]을 들게 되니 예로는 바로잡고 형으로는 징계하는 것이다."

31 이재룡 1995, 69-70.

32 "가례는 만민(萬民)을 친하게 한다. 식음의 예[食飮禮]로써 종족과 형제를 친하게 하고, 혼관의 예[婚冠禮]는 남녀를 친하게 한다. 빈사의 예[賓射禮]는 고구(故舊)와 붕우(朋友)를 친하게 하며, 향연의 예[饗宴禮]는 사방의 빈객(賓客)을 친하게 한다. 신번의 예[脤膰禮]는 형제의 나라를 친하게 하며, 하경의 예[賀慶禮]는 이성(異姓)의 나라를 친하게 한다."

33 '빈'(손님)은 왕의 오랜 친구로 세자 때 함께 공부한 사람[朋友]이며 '주'는 빈사례의 주재자이다.

34 이범직 1991, 133-135.

35 국가에 경사가 있을 때 대궐 안에서 베푸는 잔치라는 뜻이다.

36 임금이 대궐 밖으로 거둥함.

37 임금이 신하와 백성들을 모아 일정한 곳에서 함께 사냥하며 무예를 닦던 행사이다. 서울에서는 4계절의 끝 무렵에, 지방에서는 봄가을 2계절에 이뤄졌는데, 수렵해 잡은 동물로 종묘사직과 지방 사직에 제사했다.

38 조선 시대 공신(功臣)의 포상 및 작우에 관한 사무를 관장했던 관서.

39 조선 시대 종실제군(宗室諸君)의 일을 관장하던 관서.

40 조선 시대 공주·옹주·군주(郡主)·현주 등과 혼인한 부마(駙馬)에 관한 일을 관장했던 관서.

41 조선 시대 원종공신(原從功臣)을 우대하기 위해 설치된 관서.

42 경사를 만나 진하(進賀)하는 글을 올리는 관원이다. 진전원에게는 당하관이 접대한다.

43 예부터 전하는 잔치 풍속이다. 원래 채붕은 붕(棚)의 구조로 이루어진 가설 누각 형태의

무대이다. 『사원(辭源)』에 의하면, "나무를 엮어 비단 장막으로 덮은 것(謂木張綵以爲覆蔽也)"을 말한다. 보통 채붕(彩棚)이라 쓰기도 한다(전경욱 2014, 김은영 2003 참조).

44 풍정(豊呈)은 임금이나 왕후 등에게 음식을 풍성하게 차려서 올리는 일 또는 그 음식을 말한다(단국대 동양학연구소 1996, 193). "우리나라 풍속에 상감(上監)에게 음식을 차려 바치는 것[享上]을 풍정이라고 한다(『세종실록』 1권, 1418년(세종 즉위년) 10월 11일 1번째 기사)."

45 본디의 정묘(正廟) 외에 거듭 지은 종묘이다.

46 준비 기간 없이 비정기적으로 잦았던 소규모의 연향은 곡연(曲宴), 사연(賜宴) 등이다. 『국조오례의(國朝五禮儀)』「연린국사의(宴隣國使儀)」, 『악학궤범(樂學軌範)』「정전예연여기악공배립(正殿禮宴女妓樂工排立)」).

47 문화재관리국발행·국민대한국학연구소 주관 1997, 24-25.

48 『예기』「연의편(燕義篇)」에 연례(燕禮)는 음주(飮酒)의 예(禮), 명신례(明臣禮)이자 명군상례(明君上禮)로서 결국 명군신지의(明君臣之義)에 해당했다. 이는 제후에게도 마찬가지로 제후연례지의(諸侯燕禮之義)라 했다.

49 『예기』 제46, 사의(射義): "故燕禮者 所以明君臣之義也."

50 오륜(五倫) 중 하나이다. 오륜은 유교에서 말하는 5가지 기본적 실천 덕목으로 부자유친(父子有親)·군신유의(君臣有義)·부부유별(夫婦有別)·장유/곤제(형제)유서(長幼/昆弟有序)·붕우유신(朋友有信)이다.

51 고려 말기의 왕실 잔치를 '국왕 잔치'로 규정한 한정수는 그 유형과 설행 의미 등을 볼 때 유교적 성격이 적극적으로 반영되기 시작했고, '宴-置酒-享'이 이에 해당한다고 지적한다(한정수 2012a 참조).

52 조선왕조를 설계한 정도전이 1394년에 나라를 다스리는[經國]의 기준을 6전(六典)을 중심으로 서술한 법전으로 그의 시문집인 『삼봉집(三峯集)』(1397년)에 수록되어 있다.

53 『삼봉집』 권13, 「조선경국전」 上, '예전' 연향(燕享): "君臣以嚴敬爲主 一於嚴敬 則勢相懸絶 情不相通 先王 於是制燕享之禮 親之曰賓主 尊之曰諸父諸舅 豐其飮食 致其慇懃 而望其敎誨焉 周詩曰 鐘鼓旣設 一朝享之 又曰 人之好我示我周行 此之謂也(정도전/정병길 편저 2009, 77-78)."

54 제부(諸父)는 천자가 동성(同姓)인 제후를, 또는 제후가 동성인 대부(大夫)를 부르는 말이고, 제구(諸舅)는 이성(異姓)일 경우의 호칭이다.

55 『시경』「소아(小雅)」, '鹿鳴之什 彤弓'에 나오는 시구, '鐘鼓旣設 一朝享之'이다.

56 『시경』「소아」, '녹명(鹿鳴)'에 나오는 시구, '人之好我 示我周行'이다.

57 조선 시대 빈객의 연향과 종실 및 재신들의 음식물 공급 등을 관장하기 위해 설치되었던 관서.

58 『삼봉집』 권13, 「조선경국전」 上, '예전' 총서(總序): "宴享主和 賓獻而主酬 主侑而賓食 飮食宴樂 以睦宗戚而親臣隣 宴享之序也(정도전/정병길 편저 2009, 72)."

59 『예기』: 예악(禮樂) 둘 중에 화(和)를 주로 하는 악(樂)이 이기게 되면 모두가 그칠 줄 모르는 흐름, 즉 유탕(遊蕩)이 되고 만다. 절도가 차별을 주로 하는 예(禮)가 이기게 되면 서로 정신적인 친밀감이 없어져서 떨어지게 된다. 예악 양자의 이런 경향을 변별해서 조절해 가는 것이 정치이며 교육이다.

60 예로써 기강을 바로 세우고, 악으로 그 긴장을 푸는 예악의 조화로운 운영 원리는 조선조를 통틀어 가장 확고한 문화적 이념으로 작동했다(국립고궁박물관 엮음 2013, 323).

61 맹자가 군주의 도리에 대해 경자(경추씨)와 나눈 대화에서 나온 말이다. 경자가 말하기를 "… 안에서는 어버이와 자식 사이가, 밖에서는 임금과 신하 사이가 사람에게 있어 큰 도리입니다. 어버이와 자식 사이는 은혜를 중요하게 여기고, 임금과 신하 사이는 공경함을 중요하게 여깁니다…(景子曰: 內則父子, 外則君臣, 人之大倫也. 父子主恩, 君臣主敬)[『맹자(孟子)』 「공손추장구(公孫丑章句)」 下, 2장(章)]."

62 마르셀 모스/류정아 2002, 김현자 2012, 495-508 참조.

63 경제적·법적·도덕적·종교적 복합체로서의 선물뿐 아니라, 부와 재화의 교환이라는 사회적 관행이 행해지는 작동 방식과 그 본질적 요소들을 모두 포함한 선물 유형을 가리킨다.

64 조선 초기 연향의 연례(宴禮)와 향례(享禮)는 한정수 2012b, 19-28 참조.

65 『춘추좌전(春秋左傳)』 「노성공(魯成公) 14년」: "古之爲享食也 以觀威儀 省禍福也."

66 희생(犧牲)의 몸을 반으로 잘라서 제물로 드리는 것을 뜻한다.

67 중국의 작위(爵位)인 공(公), 후(侯), 백(伯), 자(子), 남(男) 중 하나이다. 주(周)나라 이후 지위와 권력에 따라 여러 등급으로 세분화되었다(홍상훈 역 2013 참조).

68 『춘추좌전』 「노성공 16년」: "王享有體薦 宴有折俎 公當享 卿當宴 王室之禮也."

69 이에 관한 내용은 한정수 2011 참조.

70 술잔을 받들어 주인공에게 장수를 비는 뜻으로 술잔을 올림.

71 태상국왕(太上國王)이라 부르기도 한다. 왕조시대 현왕 이외에 전전왕이 살아 있을 경우 부르던 호칭이다.

72 시를 짓는 방법 중 하나로 2명 혹은 그 이상의 사람들이 각자 1구절 또는 몇 구절을 이어 짓는 방식으로 1편의 시를 완성하는 것이다.

73 왕조시대 현왕 이외에 전왕이 살아 있을 경우 전왕을 부르던 호칭이다.

74 문신 중에서 뛰어난 학자들로, 왕의 측근에서 제찬(制撰)·사명(詞命)의 일에 종사하거나 왕에게 경서(經書)를 강론하는 일을 맡아보았다. 지공거(知貢擧)의 속칭으로 쓰이기도 했다.

75 신하들이 춤과 연구(聯句)를 올리는 시연(侍宴: 임금이 베푸는 잔치에 신하가 참석해 자리를 같이함)이 이때부터 시작되었다(『태종실록(太宗實錄)』 33권, 1417년(태종 17) 4월 15일 1번째 기사). 세종 대 이후는 헌수(음식과 술을 바치고 춤과 노래로 웃전을 기쁘게 해 드리는 일)보다 진연, 풍정으로 불렸다.

76 상의원은 조선 시대 국왕과 왕비의 의복을 만들어 바치고 내부의 보화·금보 등을 맡아보던 관아이고, 표리는 안팎 옷감이란 뜻이다.

77 왕에게 술잔을 9번 올리는 예(禮)이다.

78 잔에 술을 부어 돌리는 것이며 행배(行杯)라고도 한다.

79 『시경』 「소아」, 녹명지십(鹿鳴之什): "鹿鳴 燕羣臣嘉賓也 旣飮食之 又實幣帛筐篚 以將其厚意 然後 忠臣嘉賓 得盡其心矣." 원래 녹명(鹿鳴)은 임금이 여러 신하와 귀한 손님에게 잔치를 베풀고 사신(使臣)을 송영(送迎)하는 데 쓰인 악가였는데, 그 후에 연례(燕禮)와 향음주(鄕飮酒)에서 쓰였다. 우는 사슴에게 먹이를 주듯이 임금이 신하를 불러 향응(饗應)함에 비유한 것이다(한국고전용어사전편찬위원회 2001 참조).

80 『예기』 「연의편(燕義篇)」.

81 새해를 맞아 조정에 하정(賀正)하는 사절(使節)을 말한다.

82 『시경』 「소아」, 담로편(湛露編): "湛湛露斯 匪陽不晞(촉촉히 내린 이슬, 햇빛 아니면 마르지 않겠도다)." 천자가 제후에게 연회를 내릴 때의 노래이다. 『모시정의(毛詩正義)』 「소아담로(小雅湛露)주석」: "天子燕諸侯也."

83 『춘추좌전』 「노문공 4년」.

84 『춘추좌전』 「노선공 12년」: "世之治也 諸侯間於天子之事 則相朝也 於是乎有享宴之禮 享以訓共儉 宴以示慈惠 共儉以行禮 而慈惠以布政 政以禮成 民是以息." 중국 진(晉)나라 극지(郤至)가 왕의 덕목을 말한 대목이다.

85 『춘추좌전』 「노선공 17년」: 절조는 희생(犧牲)으로 써서 제사 지낸 소, 양 등의 고기를 뜯어 도마에 올려 손님을 대접하는 일이다.

86 전통 시대 중국과 한국의 관직명 또는 고위 관인을 일컫는 말이다.

87 『춘추좌전』, 「노선공 16년」: "王享有體薦 宴有折俎 公當享 卿當宴 王室之禮也."

88 『태조실록』 2권, 1392년(태조 1) 9월 18일 1번째 기사: 조선 최초의 군신연이 거행되었다.

89 중국 황제의 생일이다.

90 조선 시대 인사제도에서 관리들이 임기가 찼거나 근무 성적이 좋은 경우 나이 많은 노인에게 자급(資級)이나 품계를 올려 주는 일이다. 나이가 80세가 되면 벼슬아치에게는 1품계를 올려 주고 일반 백성에게는 1품계(老人加資: 老人職)를 줬다.

91 기로연의 절차는 기로신들이 편을 갈라 투호(投壺) 놀이를 한 후 음주 의식(진 편의 술잔을

이긴 편에 주면, 이긴 편에서 읍하고 서서 술을 마시며, 풍악을 울려 술을 권함)을 한 뒤에 본격 잔치가 시작되고 크게 풍악을 울리며 서로 잔을 권한다. 모두 취한 뒤에야 파한다.

92 기로소(耆老所)에 입소한 나이 많은 신료이다. '기(耆)'는 '나이가 많고 덕이 두텁다(年高厚德)'는 뜻을 지녀 나이 70이 되면 기(耆), 80이 되면 노(老)라 한다. 기로연에는 정2품의 실직(實職)을 지낸 70세 이상의 문과 출신 관원만 참여할 수 있었다.

93 『예기』「예운편(禮運篇)」: 첫째, 천하를 사유화하지 않고 공공의 공유물로 한다. 둘째, 사람들은 모두 전체의 이익을 위해 노동하며 노동의 산물인 재화는 모든 사람이 공동 향유한다. 셋째, 노동능력이 있는 자에게 노동에 종사할 수 있게 하며 노동능력이 없는 노인이나 어린이는 일종의 사회보장제에 의해 잘 부양한다. 넷째, 통치자는 어질거나 능력이 있는 사람을 선택해 신의와 화목을 구현한다. 다섯째, 자기 부모나 자식에게 뿐만 아니라, 모든 사람에게 널리 사랑을 베푼다. 여섯째, 악의적인 음모나 모략을 배제한다. 일곱째, 도둑질·횡령·착복 등 질서 문란자가 발생하지 않는다. 여덟째, 전쟁이 일어나지 않는다.

94 이들의 붕당은 심의겸[西人]과 김효원[東人]의 이조전랑직 추천 문제로 대립하면서부터이다. 1575년(선조 8) '동서분당'으로 서인(西人)·동인(東人)의 붕당을 형성해 당쟁을 시작했다. 동인은 선조 말에 북인(北人), 남인(南人)으로 또한 서인은 숙종 초에 노론(老論)과 소론(少論)으로 붕당했다.

95 『율곡전서(栗谷全書)』「논붕당소(論朋黨疏)」.

96 왜구가 조선을 침략한 임진왜란(1592년)과 정유재란(1597년).

97 1599년, 주자 『가례』를 증보, 해설한 책이다. 1685년(숙종 11)에 송시열(宋時烈)을 비롯한 여러 제자의 노력으로 간행되었다(10권 6책, 서울대규장각한국학연구원 소장).

98 엄격한 질서와 정교한 형식을 중시하고 연구하는 학문이다.

99 광해군은 선조의 둘째 아들, 인조는 선조의 손자, 효종은 인조의 둘째 아들이었다.

100 1618년(광해군 10) 인목대비(仁穆大妃)가 유폐되고, 이복동생 영창대군(永昌大君)이 죽임을 당한 사건이다.

101 1659년 효종이 붕어하자 인조의 계비(繼妃)가 입어야 하는 상복(喪服) 기간에 대해 서인과 남인이 서로 논쟁한 사건이다. 서인은 효종이 적자(嫡子)이나 둘째 아들로 왕위를 계승했기에 가통(家統: 血統)은 차자(次子)의 서자(庶子: 衆子)로 '기년복(期年服: 1년 상복)'을 주장했다. 남인은 대통(大統)을 기준으로 장자(長子)가 죽고 차자가 왕위를 계승해도 장자이므로 '삼년복(三年服)'이 옳다고 맞섰다.

102 왕실과 사서인(士庶人)에게 공통으로 『주자가례』를 적용하는 가례 중심의 입장에서 천하가 같은 예법을 쓴다는 예설(禮說)이다. 송시열은 『주자대전차의(朱子大全劄疑)』에서 사대부의 예법으로 왕통을 해석하고 있다.

103 탈(脫)주자학의 관점에서 『예기』 등의 육경(六經)과 『주례』 등의 고경(古經)을 기반으로

한 고례(古禮)를 중시, 종통(宗統) 중심의 입장에서 제왕의 예법은 사서인과 다르다는 예설이다.

104 김덕진 2008, 37.

105 이에 조선은 '소중화(小中華)'를 자처하는 방향으로 지배 질서를 재구축해 나간다.

106 이철 2013, 77.

107 조선 초기에는 '격식에 구애됨이 없이 조촐하게 올린 연향', 즉 곡연(曲宴)의 뜻으로 쓰이다가 15세기(성종 대) 이후 점차 성대한 연향을 뜻하기 시작해 16세기(중종 대) 이후 주로 한 해에 1차례씩 대비전에 올리는 성대한 연향으로 인식되었다. 조선 후기에는 특별한 경사(慶事)에 베푸는 격식과 규모가 성대한 연향을 뜻했고, 몇 년에 걸쳐 한 번 행해졌다.

108 『태종실록』 3권, 1402년(태종 2) 2월 18일 1번째 기사.

109 『효종실록』 19권, 1657년(효종 8) 10월 8일 2번째 기사, 『영조실록』 65권, 1747(영조 23) 1월 22일 1번째 기사.

110 이철 2013, 78.

111 즉위 때 시작된 '기해예송'이 계속되어 당쟁이 격화되던 시기이다. '기해예송'은 숙종 대까지 35년간 지속된다.

112 안태욱 2014, 35.

113 진찬(進饌)은 '음식을 올리다'라는 뜻으로 음식을 바치는 일이다.

114 진작(進爵)은 '술잔을 올리다'라는 뜻으로 수주(壽酒)를 돌리는 일이다.

115 ≪진연도첩(進宴圖帖)≫(1712년, 41×29cm, 국립중앙도서관 소장)에 진연의 장면(현존 진연도 중 가장 오래됨), 좌목(座目), 영의정 최석정(崔錫鼎)의 후서(後序) 등이 기록되어 있다.

116 『숙종실록』 42권, 1705년(숙종 31) 12월 27일 2번째 기사.

117 『숙종실록』 44권, 1706년(숙종 32) 8월 28일 3번째 기사.

118 『숙종실록』 48권, 1710년(숙종 36) 4월 26일 2번째 기사.

119 임금과 신하가 모여 자문(諮問)·주달(奏達)하던 자리를 말한다.

120 박정혜 2000, 161.

121 1754년(영조 30), 영조는 왕명으로 진연을 폐지했다. 이후 연향은 진찬, 진작으로 베풀어졌다.

122 『자경전진작정례의궤(慈慶殿進爵整禮儀軌)』 권1, 「연설(筵說)」, 1827년(순조 27, 丁亥) 7월 25일: 진연은 진찬보다 크고, 진찬은 진작보다 큰 연향이다(국립고궁박물관 엮음 2013, 52).

123 왕대비전(王大妃殿)·대전(大殿)·중궁전(中宮殿)을 이르는 말이다.

124 진연 후 왕이 신하에게 잔치를 내려 주는[君臣同樂] 방식의 '조선식(朝鮮式)' 연향이다. 진연의 좀 더 간략한 형태(헌수 없이 7작례, 악장 없음)로 1743년(영조 19)에 단 한 번 행해지고 있다[『영조실록』 58권, 1743년(영조 19) 7월 18일 3번째 기사].

125 한국정신문화연구원 편 2003, 69, 407.

126 연로한 고위 문신들(대개 70세가 넘는 정2품 이상)의 친목 및 예우를 위해 설치한 관서(현 서울시 세종로 149~150번지에 위치).

127 국립고궁박물관 엮음 2013, 132.

128 명나라 멸망 이후 중국 문명의 계승자는 조선이라는 주장으로 18세기 노론계 중심의 정치 이데올로기이다. 이러한 이념적·학문적·문화적 자부심은 이른바 진경(眞景) 시대를 꽃피웠고, 독자적으로 유교 경전을 해석하는 풍토를 가져왔다.

129 M. Dietler and B. Hayden (eds) 2001, 65-114.

130 P. W. Wiessner and W. Schiefenhövel (eds) 1996, 87-125.

131 조선 중기(16세기) 사화기(士禍期)에 훈구파(勳舊波) 내지 훈신·척신 계열과 대립하며 재야 사류(士類)를 배경으로 정치·사회를 주도한 정치 세력이다.

132 성현(聖賢)의 도(道)와 제왕의 법을 아우른 내성외왕(內聖外王: 眞儒)을 성취한 사람이 하는 정치를 말한다.

133 성리학자들은 천명을 부여받은 제왕이 학문을 닦아 요순(堯舜)의 덕을 갖추면 성인군주가 될 수 있다는 이상적인 군주론으로 체계화했다. 이러한 이론은 선천적인 왕실의 혈통에 기반을 둔 존왕(尊王) 사상보다 후천적 노력의 수신(修身)을 강조한 진일보한 사상이다(김백철 2015, 33).

134 정재훈 2005, 312-341, 김문식 2007, 15-38, 김백철 2015, 30.

135 『서경』「고도모편(皐陶謨篇)」: "제후들에게 안일과 욕심을 가르치지 마시며 삼가고 두려워하소서. 하루 이틀 사이에도 만기입니다." 여기서 '만기'는 '만 가지 기미'란 뜻인데, 왕이 하는 말과 행동 그리고 결정 하나하나가 모두 처음에는 미세한 기미에 불과하지만 그것이 온 나라와 천하에 돌이킬 수 없는 결과를 가져오므로 왕은 모든 언행과 결정을 삼가고 두려워해야 한다는 의미이다. 이처럼 만기는 전통 시대 동양에서 제왕의 국정 업무를 지칭하는 보통 명사로 사용되었다.

136 혈연적·신이적(神異的) 사실만으로 군주의 정치적 권위가 수용될 수 없는 단계에서 오례(五禮)는 왕실의 위상을 정립시킨 정치 질서론으로 왕권을 보호하고 있었다(이범직 2004, 49).

137 영조와 관련해서는 박정혜 2013, 고성훈 2013, 이영춘 2013, 최봉영 2013, 이남희 2013, 지두환 2014, 이혜련 2014, 박광용 2014, 장필기 2014 참조.

138 1680년(숙종 6) 경신환국(庚申換局: 남인축출, 서인등용), 1689년(숙종 15) 기사환국(己巳換局: 서인축출, 송시열 사사), 1694년(숙종 20) 갑술환국(甲戌換局: 남인축출, 서인등용)이다.

139 궁중의 여자 종으로 청소 일과 물 긷기·불 때기 등 여러 허드렛일을 맡았다. 무엇보다도 물 긷기가 중요했으므로 수사(水賜)라고도 불렀다.

140 소론계(少論系) 김주신(金柱臣)의 여식이었으나, 숙종 사후 노론으로 당색을 바꿨다. 숙빈 최 씨의 소생인 연잉군을 지지해 왕세제 책봉에 결정적인 역할을 했고, 연잉군이 역모의 주범으로 용의선상에 오르자 몸소 보호했다. 경종 원년(1721년)에는 영조를 왕세제로 등극시켜 양자로 입적했다. 인원왕후는 영조가 임금으로 즉위하는 과정에서 결정적인 인물로 활약해 그 방패막이 되어 줬다.

141 『경종실록(景宗實錄)』 4권, 1721년(경종 1) 8월 20일 3번째 기사.

142 『본초강목(本草綱目)』: "게를 감과 함께 먹으면 복통이 나고 설사가 난다"(이시진 1994 참조).

143 바꽃의 어린뿌리로 열이 많으며 맛은 맵고 독성이 강한 약이다.

144 『경종실록』 15권, 1724년(경종 4) 8월 24일 1번째 기사.

145 탕평은 숙종 대 처음 시도했으나 실패했다. 탕평이란 용어는 『서경』「홍범편」의 "無偏無黨 王道蕩蕩 無黨無偏 王道平平"에서 따온 합성어로 임금의 지켜야 할 법도요, 정치의 기본 준칙이다. 즉 임금은 항상 치우침이 없이 공평무사해야 한다. 좋아하는 사람이라고 감싸서도 안 되고, 자기 마음에 들지 않는다고 물리쳐서도 안 되니 그것이 임금의 도리라는 것이다. 정치의 바탕은 임금이 도(道)와 의(義)를 솔선수범하는 왕도정치여야 하며, 그 요체는 '무편무당·무당무편'에 있으니 그렇게 되면 탕탕평평(蕩蕩平平)해진다는 것이다. '조제탕평'은 정치적으로는 당파 간의 정치적 대립과 분쟁이 없이 소융(消融)·보합(保合)을 이룬 상태를 가리킨다.

146 이경구 2004, 23-44 참조.

147 국왕 자신과 사족 간의 대립에서 벗어나 국가적 문제를 해결하는 곳으로 시선을 돌리게 했다(김백철 2015, 71).

148 『영조실록』 54권, 1741년(영조 17) 10월 1일 1번째 기사.

149 이조전랑이 삼사(三司) 언관(言官)들의 인사권을 장악한 제도로 언관들의 언론권을 대신들의 영향으로부터 독립, 활성화하는 의도로 시작되어 붕당정치의 맥점을 이뤘다. 단 이 무렵에는 이미 자파 세력 강화의 도구로 악용되어 붕당의 폐단을 없애기 위해서는 혁파 조치가 불가피했다.

150 『논어』「위정편(爲政編)」 14장의 구절, "군자(君子)는 주이불비(周而不比)하고 소인(小人)은 비이부주(比而不周)한다"를 활용한다(본문의 해석은 설명 패널을 참조함). 하지만, 실제 영

조는 소론을 내몰고 노론을 중용했다가, 다시 노론을 내몰고 소론을 기용하는 등 편당적인 조처를 취해 스스로 탕평을 위해한다.

151 『현종실록』 11권, 1665년(현종 6) 9월 5일 2번째 기사.

152 18세기에 이르면 붕당정치 구조에 반발해 새로운 탕평정치의 시대가 도래했다. 이에 따라 기존 '군주성학론'의 의미가 재해석되었다. 이른바 탕평 군주로 일컬어지는 숙종, 영조, 정조 등은 학문 수양을 통해 성인(聖人)군주론을 완전히 체득했고, 군주이자 스승으로 불릴 수 있는 학자 군주[君師]의 면모를 유감없이 과시했다(김백철 2015, 40).

153 정만조 외 2012 참조.

154 김백철 2015, 66.

155 '기로'는 연고후덕(年高厚德)의 뜻을 지녀 나이 70이 되면 '기(耆)', 80이 되면 '노(老)'라고 했다. '기소(耆所: 耆社)'는 60세 이상 된 임금이나 문과 출신의 정2품 이상 전·현직 문관으로 나이 70세 이상인 사람만이 들어갈 수 있었으며, 이들을 기로당상(耆老堂上)이라 했다. 인원의 제한은 없었으나 조선 시대를 통틀어 700여 명에 불과했을 만큼 영예로운 일이었다.

156 조선의 역대 왕(27명) 중 입기로소는 태조(60세), 숙종(59세), 영조(51세), 고종(51세) 등 4명에 불과하다. 50세 이상으로 기로소에 들어가지 않은 왕은 태종, 세종, 세조, 중종, 선조 등 5명이다.

157 『중용(中庸)』 19장: "무릇 효라는 것은 선인의 뜻을 잘 계승해 선인의 사업을 잘 발전시키는 것이다(夫孝者 善繼人之志 善述人之事者也)"라고 하여 효를 다함을 가리킨다.

158 국왕이나 세자는 선왕대의 사례를 근거로 연향을 열 때가 많았다(국립고궁박물관 엮음 2013, 90).

159 태조는 60세가 되던 1394년(태조 3)에 친히 기영회(耆英會: 고급 관료나 공신으로 나이 많은 사람들을 초청해 베푸는 연회)에 참여하고, 기로소 서쪽 누각 벽 위에 이름을 썼다. 아울러 경로와 예우의 뜻으로 정2품 이상 실직(實職)의 문관으로 70세 이상 된 사람의 이름을 어필로 기록한 뒤 전토(田土)·노비·염분 등을 하사했다.

160 『숙종실록』 63권, 1719년(숙종 45) 2월 12일 1번째 기사.

161 영조는 다른 어느 왕보다도 선왕의 업적을 다시 실행에 옮겨 국가의 성사로 계승하는 데 적극적인 군주였다. 시학례(視學禮), 양로연(養老宴), 친경례(親耕禮), 친잠례(親蠶禮), 대사례(大射禮), 등준시(登俊試)의 시행과 입기로소(入耆老所) 등에서 알 수 있듯이 선왕이 이룩했던 훌륭한 사업을 부활시켜 유지시켜 나가는 데 많은 노력을 쏟았다. 숙종 대와 영조 대에 궁중행사도 주제로 새롭게 등장한 기로소 관련의 기로연친림(耆老宴親臨)과 영수각어첩(靈壽閣御帖)의 친제(親題) 그리고 대사례 등은 그 의주가 『국조속오례의』에 실려 있다(박정혜 2000, 157).

162 『영조실록』 57권, 1743년(영조 19) 1월 11일 1번째 기사.

163 『숙종실록』 63권, 1719년(숙종 45) 1월 10일 1번째 기사: 전(前) 직장(直長) 이집(李楫)이 상소해, 임금의 기로소에 들어가는 문제를 아뢴다.

164 마음을 가다듬어 고요하게 정신(精神)을 수양(修養)함.

165 1721년(경종 1) 연잉군이 왕세제로 책봉되자 겸설서(兼說書)로 '세제보호론'을 주창, 소론의 핍박으로 곤경에 처해 있던 왕세제 보호에 힘썼다. 1728년(영조 4) 이인좌(李麟佐)의 난[戊申亂]이 발생하자 사로도순무사(四路都巡撫使) 오명항(吳命恒)의 종사관으로 종군했고, 난이 진압된 뒤 그 공으로 분무공신(奮武功臣) 3등에 녹훈, 풍원군(豊原君)에 책봉되었다. 조문명·송인명과 함께 영조 전반기의 완론 세력을 중심으로 한 이른바 노소 탕평을 주도했던 정치가였다.

166 『영조실록』 59권, 1744년 7월 29일 5번째 기사.

167 태조의 5대조 증조부인 선조(宣祖, 재위 1567~1608).

168 임금에게 소장(疏章)을 올림.

169 두 사람 이상이 연명해 임금에게 올리던 글을 이르는 말이다.

170 『영조실록』 60권, 1744년(영조 20) 8월 26일 1번째 기사.

171 1719년(숙종 45) 숙종의 입기로소 때 어첩을 봉안하기 위해 기로소에 만든 전각이다.

172 조선 시대 역대 왕과 왕비 그리고 추존왕과 왕비의 신주를 봉안한 사당이다.

173 『영조실록』 60권, 1744년(영조 20) 8월 29일 1번째 기사.

174 조선 시대 사헌부(司憲府)의 정5품 관직이다. 정치 시비에 대한 언론 활동, 백관(百官)에 대한 규찰과 탄핵, 풍속 교정, 억울한 일을 풀어 주는 일 등을 담당했다.

175 『영조실록』 60권, 1744년(영조 20) 8월 29일 3번째 기사.

176 같은 글.

177 임금이 명령이나 의견을 적어서 승지에게 전하던 문서이다.

178 왕명의 출납을 담당했다. 도승지(都承旨)·좌승지(左承旨)·우승지(右承旨)·좌부승지(左副承旨)·우부승지(右副承旨)·동부승지 등 6승지가 있다.

179 나라에 일이 있을 때 신하가 임금에게 시정(時政)에 대한 의견을 건의하고 의논하기 위해 알현하기를 청하는 것이다.

180 조선 시대 언론을 담당한 사헌부(司憲府)·사간원(司諫院)·홍문관(弘文館)을 말한다.

181 명령을 취소함.

182 음성과 안색 또는 음악과 여색을 아울러 이르는 말이다.

183 분쟁이 중간에서 화해하게 되거나 서로 타협점이 찾아져 합의되도록 조처하는 것이다.

184 백관(百官)의 장(長)으로 국정을 통괄하던 의정부의 삼정승(三政丞)인 영의정·좌의정·우의

정을 말한다.

185 중죄인에 대한 유배형벌(流配刑罰) 중의 하나이다. 죄인을 배소(配所)에서 달아나지 못하도록 가시로 울타리를 만들고 그 안에 가둔다. 가시나무 대신으로 쓴 탱자나무는 전라도에 많았으므로, 이 형을 받은 사람은 대개 전라도 연해의 섬으로 보내졌다. 박성원은 2년 뒤 석방되었다.

186 『영조실록』 60권, 1744년(영조 20년) 9월 9일 1번째 기사.

187 국립중앙박물관 미술부 편저 2008, 36-42, 박정혜 2013, 65-80 참조.

188 1744-45년, 장득만·장경주·정홍래·조창희 작, 견본채색, 53.2×37.6cm, 국립중앙박물관 소장: 구성은 '어첩자서(御帖自序)-어제어필(御製御筆)-좌목-행사도(5점)-기로신초상화-기로신 명단-이매의 상소문과 이성룡의 발문-제작 실무자 명단'이며 이 중 행사도 5장과 기로신초상화의 수록은 ≪기사계첩≫과 동일한 체제이다. 궁중행사도에 제작 화원의 이름이 직접 명시된 것은 ≪기사경회첩≫과 ≪기사계첩≫뿐이다.

189 영수각(靈壽閣: 靈壽宮)은 1719년(숙종 45) 왕이 6순이 되었을 때 기로소에 들어가면서 경내에 지은 누각(樓閣)의 하나로, 여기에 어첩(御牒)을 봉안했다. 이때부터 갖가지 어첩을 보관하는 장소로 쓰였다.

190 ≪耆社契帖≫(보물 제638호), 김진여·장태흥·박동보·장득만·허숙 작, 견본채색, 59.5x76cm, 이화여대박물관 소장: 1720년(숙종 46) 12월 상순에 완성되었다. 1719년 음력 4월 17일과 18일 양일에 회갑을 맞은 숙종과 기사(耆社) 대신들이 가졌던 계회(契會)를 기념하기 위해 당시 참석했던 기신(耆臣)들의 발의로 제작되었다. 모두 12권이 제작되어 1권은 기로소에 보관하고, 나머지는 11인의 기신들이 각각 나눠가졌다. 이 계첩의 완성 전 숙종이 승하했으나, 사연(賜宴)때 숙종의 어제시(御製詩)를 인원왕후가 전달해 수록될 수 있었다.

191 조선 시대 태조 이하 역대 임금과 왕후의 영정을 봉안한 곳으로 창덕궁에 뒀다.

192 영조 때 영수각의 서루(西樓)를 개축한 건물로 온돌방 2칸과 동쪽의 대청 6칸으로 이뤄졌다. 가운데 벽감에 기신선생안(耆臣先生案)을 보관했다.

193 1900년(광무 4) 역대 임금의 어진을 모셔 두었던 경운궁(慶運宮)의 선원전(璿源殿)에 화재가 발생해 잃게 된 일곱 분 임금의 어진을 대대적으로 모사할 때 제작한 영조 어진이다. 당시 육상궁(毓祥宮) 냉천정(冷泉亭)에 모셨던 1744년(영조 20)에 그린 어진을 본떠 그린 것이다. 주관화사는 채용신(蔡龍臣, 1850~1941)과 조석진(趙錫晉, 1853~1920)이 맡았다. 표제는 고종 황제가 직접 쓴 것이다.

194 현재 또는 그 당시 직책을 맡고 있는 대신[2품 이상 재신(宰臣)의 별칭].

195 퇴임한 관원을 원임이라 하여 예우했다.

196 조선 중기 이후 입기로소 자격에 제한을 둬 정경(正卿: 정2품)으로 70세 이상 문신으로 국한했다. 숙종 때에 이들을 기로당상(耆老堂上)이라 했으며, 군신(君臣)이 함께 참여하는 기

구라 하여 관아의 서열에서 으뜸을 차지했다. 기로소가 맡은 일은 임금의 탄일, 정조(正朝: 설)·동지, 나라의 경사나 왕이 행차할 때, 모여서 하례(賀禮)를 행하거나 중요 국사(國事)의 논의에 참여해 왕의 자문에 응하기도 했다.

197 '어제(御製)'는 왕이 직접 창작한 작품을, '어필(御筆)'은 왕이 직접 쓴 글씨를 뜻한다.

198 ≪기사경회첩≫ 제2면. ≪기사계첩≫ <어첩봉안도(御帖奉安圖)>에서는 숙종의 승하로 왕세자가 어첩을 봉안한다.

199 춘추시대 위(衛) 나라 임금으로 강숙(康叔)의 8대 손자이다. 강숙이 하던 정사를 그대로 닦아 백성을 화합해 모이게 했고, 주(周)나라를 도와주기도 했는데, 그가 지은 '억(抑)' 시가 『시경』「대아」에 실려 있다.

200 영조의 친어머니인 숙빈 최 씨의 신주(神主)를 모신 곳이다. 1725년(영조 1) 창건 당시는 '숙빈묘'라고 불렀다가 뒤에 '육상묘'로 고쳐 불렀다. 1753년(영조 29) 묘를 승격해 '육상궁(毓祥宮)'으로 고쳤다.

201 『영조실록』 60권, 1744년(영조 20) 9월 9일 1번째 기사.

202 경희궁(慶喜宮)의 정문이다.

203 백성들의 억울하고 원통한 사정을 국왕에게 직접 호소하는 합법적 소원제도(訴冤制度)의 하나로 왕에게 글월을 올림 또는 그 글월을 말한다.

204 조선 시대 북부 의통방에 있던 계로서, 계 이름은 경복궁의 서문인 연추문 혹은 영추문에서 유래되었다. 영조 때부터 고종 초기까지 있었으나 갑오개혁 때 행정구역을 개편하면서 없어졌다. 현 행정구역으로는 종로구 효자동 일부에 해당된다(서울특별시사편찬위원회편집부 2009 참조).

205 『영조실록』 60권, 1744년(영조 20) 9월 9일 1번째 기사.

206 『숙종실록』 63권, 1719년(숙종 45) 2월 12일 1번째 기사: "경축(慶祝)하는 때를 당해 특별히 허물을 탕척(蕩滌: 더러운 것을 없애고 깨끗하게 함)하는 정사(政事)를 펴는 치원에서, 이달 12일 매상(昧爽: 날이 새려고 먼동이 틀 무렵) 이전부터 잡범(雜犯)으로서 사죄(死罪) 이하는 모두 용서하고, 관직에 있는 자에게는 각각 한 자급(資級)씩 더하되 자궁(資窮: 당하관의 품계가 다시 더 올라갈 자리가 없게 되었다는 뜻으로, 당하 정3품이 됨을 말함)인 자는 대가(代加: 품계를 올려 줄 사람을 대신해 그 아들·사위·동생·조카들에게 대신 그 품계를 올려 주던 일)하도록 하라".

207 『영조실록』 60권, 1744년(영조 20) 9월 10일 1번째 기사.

208 은(殷)나라의 3임금을 말한다, 즉 태갑(太甲: 太宗)은 즉위 초에 방탕하다가 개과천선해 30여 년의 선정(善政)을 베풀었으며, 태무(太武: 中宗)는 재위 75년, 무정(武丁: 高宗)은 재위 59년 동안 왕업(王業)을 부흥시켰다.

209 기자(箕子)의 홍범구주(洪範九疇)를 뜻한다. 홍범은 『서경』의 편명으로 세상의 큰 규범이라는 뜻이고, 구주(九疇)는 아홉 조목이라는 뜻이다. 곧 기자(箕子)가 주(周)나라 무왕(武王)의 물음에 응답한 천하를 다스리는 아홉 조목의 대법(大法)을 말한다.

210 『영조실록』 60권, 1744년(영조 20) 9월 10일 1번째 기사: "거의 한마음으로 사리를 도모해 즐거움을 사방의 신민들과 더불어 같이 기뻐하기를 바라노라. 이미 대정(大庭)에서 크게 부르짖고 이어서 은택을 온 세상에 내리노라. 이달 초 10일 새벽 이전의 잡범(雜犯) 이하는 모두 용서해 이를 면죄한다. 관직에 있는 자는 각각 한 자급(資級)을 더하게 하되, 자급이 다한 자는 대신 가자(加資)하게 하라."

211 『영조실록』 60권, 1744년(영조 20) 9월 10일 2번째 기사: 임금이 명해 종신(宗臣) 가운데 나이 70세, 조관(朝官) 4품 이상 가운데 나이 70세, 5품 이하와 사서인(士庶人) 가운데 나이 80세인 사람은 모두 가자(加資)하되, 가선대부(嘉善大夫) 이상은 자품을 바꾸지 말게 했으니, 대개 기해년(1719년, 숙종 45)의 고례(古例)를 따른 것이다.

212 임금 또는 세자가 참석해야 할 의식에 참석하지 않고 권도(權道)로 의식만을 행하는 것 또는 절차를 격식대로 모두 갖추지 않고 치르는 것이다.

213 가장자리를 헝겊으로 꾸민 돗자리이다.

214 전문(箋文)은 나라에 길한 일이나 흉한 일이 있을 때에 임금에게 써 바치던 사륙체의 글이다.

215 <그림 10~13> 참조. 외방(外方)에서 올라오지 못한 김유경과 이하원의 초상화는 ≪기사경회첩≫에 제외되어 있다. 또한 이의현과 조원명은 병으로 참석하지 못했다. '숭정전갑자진연'에서는 이들 4명을 다른 기로당상들로 대신했다.

216 임금이 신하에게 궁중의 사온서(司醞署)에서 빚은 술을 하사하던 일 또는 그 술을 뜻한다.

217 『영조실록』 60권, 1744년(영조 20) 9월 10일 3번째 기사, 박정혜 2000, 176-177 참조.

218 양로연은 유교 문화의 노인 공경을 위해 1432년(세종 14) 처음 베풀어졌다, 지배층에서 천민까지 모두 동락(同樂)하는 데 큰 의미를 뒀고, 평민(80세 이상)이 연향에 참여할 수 있는 유일한 기회였다. 양로연은 정례적으로 설행[3월 3일(上巳)이나 9월 9일(重陽) 등]되었으나, 국왕의 입기로소를 경하(慶賀)하는 진연을 행할 때에도 겸행되기도 했다(국립고궁박물관 엮음 2013, 147-148 참조).

219 국립고궁박물관 엮음 2013, 54-55. ≪기사계첩≫은 <경현당석연도(景賢堂錫宴圖)>이다.

220 『승정원일기(承政院日記)』 977책, 1744년(영조 20) 9월 10일: 10월 4일 대왕대비를 모신 진연이 있어 감히 그 이전에 성대한 연향을 선행(先行)하지 못했다.

221 ≪기사경회첩≫ 제6면의 칠언시(七言詩): 경현당에서 기로소 여러 신하들에게 술을 하사할 때 직접 시를 짓고, 여러 신하들에게 명을 내려 나머지 두 구절을 짓도록 했다. "숙종의 옛일을 26년이 지난 지금 따르고, 오늘 기영연을 여니 어찌 다행이 아닌가?". 갱운시(賡韻

詩)는 ≪기사경회첩≫ 제3~5면에 수록되어 있다.

222 삼족오(三足烏)와 토끼는 각각 태양(太陽)과 태음(太陰)의 대표적인 동물로 알려져 있다. 『예기』「곡례」에 "달의 정(精)은 명시(明視)이고 그 상은 토끼"라고 되어 있다. 달 속 토끼와 계수나무 전설의 유래는 인도에서 시작된 것으로 보이며 불교와 함께 들어온 것이라 생각된다(임영주 2004, 37-39 참조).

223 <그림 15-1, 2>는 18~19세기 연향을 기록한 『진연의궤』, 『진찬의궤』에서 보이는 '은도금 일월병'이다. 궁중에서 왕족이 사용했던 주정(酒亭)에 술잔과 함께 놓고 사용했다. 몸체 앞뒤 중앙에 각각 태양 속에 산다는 삼족오와 달에서 방아를 찧는 토끼가 선각으로 표현되었다.

224 『영조실록』 60권, 1744년(영조 20) 9월 10일 3번째 기사.

225 ≪기사경회첩≫≫ 제1면. 9월 13일에 장황(粧績: 비단이나 두꺼운 종이를 발라서 책, 화첩 따위를 꾸며 만듦 또는 그런 것)해 영수각 어첩 안에 모셨다.

226 이후 영조는 영수각을 왕통의 실체를 확인하는 장소로 여겨 10차례 이상 방문했다. 또한 기로소는 1765년(영조 41)부터 독립관서가 되었으며 여기에 왕도 참여했으므로 『대전회통(大典會通)』에 관부서열 1위로 법제화되었다.

227 영조는 다양한 글을 쓰되 대개는 50세가 넘은 나이에 왕의 위치에서 실용·반성·권계의 뜻을 담은 글을 주로 썼다(장서각연구소 편 2011, 82).

228 문자는 초개인적 '사회적 기억'으로 과거가 권력을 얻게 된다(Niklas Luhmann/장춘익 2012, 220).

229 영조의 입기로소는 조선왕조에서 자모(慈母)가 생존하는 가운데 이루어진 최초의 사례이다.

230 『영조실록』 60권, 1744년(영조 20) 8월 26일 1번째 기사.

231 『갑자진연의궤(甲子進宴儀軌)』 권1, 1744년(영조 20) 9월 2일, 『영조실록』 60권, 1744년(영조 20) 9월 2일 3번째 기사. 『갑사신연의궤』의 내용은 송방송·고방자 외 1998과 김종수 역주 2017 참조.

232 나라에서 각종 서적들의 편찬 사업을 주관한 기관.

233 동등한 관서 상호 간이나 상급 관서에서 하급 관서로 보내는 문서.

234 규칙의 조목, 조항 또는 항목.

235 부모의 뜻을 받들어 지극(至極)한 효도를 다하는 일을 말한다.

236 임금과 신하가 모여 자문(諮問)·주달(奏達)하던 자리.

237 『논어』「안연편(顔淵篇)」: 공자가 제자인 안연에게 인(仁)을 실현하는 방법을 설명한 말이다. 충동적이고 감성적인 자아를 의지로 극복해 예법을 갖춘 교육적 인간상인 군자(君子)

의 이상으로 돌아감을 일컫는다.

238 법률·형벌이 아닌 도덕·예악(禮樂)으로 백성을 교화(敎化)하는 것이다.

239 『논어』 「헌문편(憲問篇)」: 자로(子路)가 군자(君子)에 대해 물었을 때 공자가 '수기이안인(修己以安人)'과 '수기이안백성(修己以安百姓)'으로 대답한 내용이다. 수기치인은 개인의 인격 완성과 사회적 문제에 대한 책임을 요청받는 바람직한 인간으로서의 군자의 길이며, 책임 있는 성인(成人)이 실천해야 할 진리 구현의 방식으로, 자기완성의 정도만큼 사회 완성이 가능하다는 본말론적(本末論的) 개념이다.

240 전국 8도(道)를 뜻한다.

241 부모를 봉양하는 방법의 하나로 구복(口腹)과 신체(身體)의 봉양을 위주로 맛있는 음식과 좋은 의복을 제공함으로써 받들어 모시는 분의 마음을 즐겁게 하는 것이다.

242 『현종실록』 11권, 1665년(현종 6) 9월 5일 2번째 기사: 좌참찬 송준길(宋浚吉, 1606~1672)이 아뢴 말이다.

243 『영조실록』 65권, 1747년(영조 23) 1월 22일 3번째 기사.

244 임금·왕후·태자에게 올리던 글이다. 중국 한대(漢代) 이후 신년, 탄일(誕日) 등 기념일에 맞춰 축하하는 목적으로 시작되었다. 우리나라에서는 고려 시대 이후에 사용되었다.

245 관찰사나 수령이 임금에게 바치던 그 고장의 특산물.

246 음식을 만드는 재료.

247 『영조실록』 60권, 1744년(영조 20) 8월 26일 1번째 기사.

248 1758년(영조 34), 『어제속상훈(御製續常訓)』: 영조가 대리청정을 하고 있는 세자 및 후대 왕에게 내린 교훈을 담아 간행된 책이다. 영조는 조종(祖宗)께서 자신에게 억조(億兆)의 백성들을 위임했음을 여러 차례 설명하고, 조종께서는 백성에게 임하면서 항상 애민과 보민을 우선했음과 이를 실현하는 가장 좋은 방법은 절용이고, 절용의 근본은 검약함을 숭상하는 숭검임을 강조한다(『영조어제훈서(英祖御製訓書)』, 이근호 2011 참조). 『어제속상훈』은 『어제상훈(御製常訓)』(1745년, 영조 21)의 속편으로 특히 『어제상훈』의 8조항[경천(敬天: 하늘의 이치를 공경하라)·법조(法祖: 선왕을 본받으라)·돈친(惇親: 친척끼리 정을 도타이 하라)·애민(愛民: 백성을 사랑하라)·거당(祛黨: 무리를 짓고 편을 가르는 습관을 없이하라)·숭검(崇儉: 검박을 숭상하라)·여정(勵精: 정신을 가다듬으라)·근학(勤學: 학문에 힘쓰라)] 가운데 경천조(敬天條)와 애민조(愛民條)를 보강했다. 『어제상훈』은 영조가 숙종의 제삿날 아버지를 추모하며 후세의 왕을 위해 8항목에 이들이 지켜야 할 교훈적인 내용을 담고 있다. 본문의 8항목 중에서도 '근학'이 가장 근본이 된다고 결론짓고 있다.

249 1743년 9월 16일에 창경궁 통명전(通明殿)에서 내연이, 창경궁 명정전(明政殿)에서 외연·양로연을 대신한 어연이 설행되었다.

250 대선(大膳: 큰 음식상)은 진연이나 진찬 때 임금이나 세자에게 올리는 음식상의 하나이다. 소선(小膳)보다 돼지고기와 닭고기가 한 접시씩 더 많다.

251 『영조실록』 58권, 1743년(영조 19) 7월 17일 1번째 기사. 영조는 자성께 헌수하기 위해 애써 진연을 받는 것이므로, "이번의 어연은 자성의 뜻을 받들어 즐기고, 남은 기쁨으로 인해 여러 신하들과 잔치하려는 것이니, 어찌 털끝만큼이라도 풍성하게 할 뜻이 있겠는가?"라 강조한다(『영조실록』 58권, 1743년(영조 19) 7월 21일 3번째 기사).

252 『시경』 「소아(小雅)」의 편명이다. 임금이 주찬(酒饌)을 베풀어 여러 신하와 빈객을 향연(饗燕)하자 여러 신하와 빈객들이 그 은혜에 감복해 충성을 다할 것을 읊은 시(詩)이다.

253 『맹자』 盡心下篇(진심하편): 사방 10자짜리 상에 잘 차린 음식이란 뜻으로 호화롭게 많이 차린 성찬을 말한다.

254 어리석고 변변하지 못한 임금을 뜻한다.

255 『영조실록』 69권 1749년(영조 25) 2월 17일 1번째 기사. 영조가 사도세자에게 제왕의 덕에 관해 이야기한 내용이다. 단 영조의 민생 정치는 개인적 '절감행'의 실천에 치중됨으로써, 근본적인 민생 정책으로 천착되지 못한 한계를 갖는다.

256 김호 2013, 690-697 참조.

257 원래 식치(食治)는 육류용 동물을 키우거나 포획하는 등의 궁중음식을 위한 활동(『연산군일기』 55권, 연산10년 8월9일 1번째 기사) 또는 음식물로 병을 다스리는 것(『숙종실록』 55권, 숙종40년 4월9일 1번째 기사)을 의미한다.

258 주영하 2014 참조.

259 함규진 2010, 247-273 참조.

260 숙종이 앓던 천연두의 완쾌 및 성수 50세를 경하하기 위해 1710년 4월 25일에 경희궁의 숭정전에서 진연을, 4월 26일에 경희궁 광명전에서 내연이 설행되었다.

261 어연이 다른 진연보다 간소화된 것은 첫째, 진작 횟수를 9작례에서 7작례로 감축한 것 둘째, 치사(致詞)의 생략 셋째, 선창악장의 생략 넷째, 기수(器數: 그릇 수)와 미수(味數: 술안주 수)를 감함 다섯째, 이례적으로 세종 대 양로연을 참작한 아악(雅樂)과 속악(俗樂)의 겸행이다(문화재관리국 발행·국민대한국학연구소 주관 1997, 193).

262 양전은 대전과 중궁전을, 삼궁은 세자궁·빈궁·현빈궁을 뜻한다.

263 가능한 외방에 폐해를 끼치지 말라는 영조의 명을 따라 꿀, 전복 등 7종만 배정한다. 1719년(숙종 45)의 진연의 경우에는 꿀, 전복, 문어, 광어 등 32종에 달한다(김종수 역주 2017, 55).

264 아주 맛있는 음식을 비유하는 말이다. 중국에서 성대한 음식상에 갖춘다고 하는 진귀한 8가지 음식의 아주 좋은 맛으로 순모(淳母), 순오(淳熬), 포장(炮牂), 포돈(炮豚), 도진(擣珍),

오(熬), 지(漬), 간료(肝膋)를 이르기도 하고 용간(龍肝), 봉수(鳳髓), 토태(兎胎), 이미(鯉尾), 악적(鶚炙), 웅장(熊掌), 성순(猩脣), 수락(酥酪)을 이르기도 한다.

265 『영조실록』 60권, 1744년(영조 20) 9월 5일 4번째 기사.

266 『영조실록』 60권, 1744년(영조 20) 9월 23일 2번째 기사.

267 총6폭으로 오른쪽 3폭에 진연 장면이 그려져 있고, 나머지 3폭에 총72명의 좌목(座目)이 있다. 이들은 모두 2품 이상으로 붉은 선으로 나뉜 상단에 재신(宰臣) 36명, 하단에 종친 36명의 관직과 성명이 적혀 있다.

268 갑자진연의 장소 및 일자는 영조의 전교(傳敎)로 확정되었다(『갑자진연의궤』 권1, 내관질 1744년 9월 6일).

269 ≪기사경회첩≫ <영수각친림도>에 영조가 받은 궤장이 등장한다. 일반적으로 나이 70이 되면 걸해(乞骸: 해골을 구걸함)라 하여 늙은 신하가 벼슬을 사퇴하기를 임금에게 청원하는 것을 당연한 것으로 여겼다. 대개 임금은 사직을 허락했지만 그중 자기가 필요하다고 생각하는 사람은 사직을 허락하지 않고 궤장을 하사하면서 계속 근무하도록 했다[『경국대전』 「예전(禮典)」, 혜휼(惠恤): "벼슬이 1품에 이르고 나이가 70살 이상이며 나라의 운명과 관계되어 벼슬을 그만두지 못하는 사람에게는 이조(吏曹)에서 임금에게 보고해 몸을 의지하는 궤(几: 의자)와 장(杖: 지팡이)을 준다"].

270 임금의 입기로소는 곧 노인으로 진입한 임금이 장수를 기원하는 다양한 대응으로 이어져 사찰에 별도의 전각인 기로소 원당(願堂)을 세우는 경우도 있었다. 대표적인 예로는 영조가 입사한 1744년 고운사(孤雲寺, 경북 의성군 소재)에 세운 어첩각(御帖閣: 延壽殿으로 개칭, 현존)이다. 연수전의 내부 벽에는 왕권을 나타내는 일월도(日月圖)와 여의주를 희롱하는 용이 그려져 있고, 임금의 장수를 기원하는 봉황·거북·기린·학과 물·구름·영지·소나무 등 각종 장생도(長生圖)로 장식되어 있다(<불교신문> 2729호, 2011.6.22).

271 『갑자진연의궤』 권1, 계사질 1744년 10월 4일.

272 『영조실록』 60권, 1744년(영조 20) 8월 26일 1번째 기사. 교리(校理) 김상철(金尙喆)이 진청(陳請)해 아뢴 말이다.

273 세숫대나 목욕탕 등의 기물.

274 목욕하는 그릇에 새긴 경계하는 글이다. 옛날 은(殷)나라 탕왕(湯王)이 목욕하는 그릇에, "날마다 새롭게 한다[日日新]"라는 글을 새겼다.

275 지팡이에 새기어 경계할 글이다. 주(周)나라 무왕(武王)이 지팡이에, "어찌 부귀(富貴)하다고 하여 조심하고 두려워하는 생각을 잊겠는가?"라는 글을 새겼다.

276 갑자진연 외연의 함께 먹기에 관한 구체적 내용과 의미는 엄소연·서종석 2017 참조.

277 함께 먹는 접대(commensal hospitality)는 초대자(host)-초대 손님(guest) 사이의 쌍무

적(reciprocal obligation) 관계를 동일하게 만드는 선물 교환(gift exchange)의 구체적 호혜 방식으로 여겨진다. 하지만 오히려 수여자(donor)-수혜자(receiver) 간 사회적 지위의 차이를 재생산해 새로운 관계를 수립하는, 한정된 사회적 결속의 기제로 작동한다. 여기에 '식사정치'의 요점이 있다(T. Insoll (ed) 2011, 183).

278 『영조실록』 60권, 1744년(영조 20) 10월 7일 1번째 기사. 『국조속오례의』 어연의조(御宴儀條)와 같다.

279 왕족으로서 벼슬자리에 있는 사람.

280 조선 시대 종친부·돈녕부·훈련원의 정3품 당상관 관직.

281 조선 시대 부마(駙馬)의 관부인 의빈부(儀賓府)의 정1품·종1품 관직.

282 기로(耆老: 노인)와 구신(舊臣: 옛 신하)을 합쳐 부르는 말로, 원로(元老)의 노성(老成)한 사람 혹은 신하를 뜻한다.

283 군사에 관한 일을 맡아보는 벼슬 직함.

284 개성부·강화부의 지방관(정2품).

285 경기도 관찰사를 달리 부르던 이름(종2품).

286 조선 시대 국왕의 비서기관인 승정원(承政院)의 정3품 당상관. 도승지(都承旨)·좌승지(左承旨)·우승지(右承旨)·좌부승지(左副承旨)·우부승지(右副承旨)·동부승지(同副承旨) 등 6승지를 말하며 왕명의 출납을 담당함.

287 조선 시대의 관직으로 사초(史草)에 관계했던 예문관(藝文館)의 정9품 검열(檢閱)과 승정원의 정7품 주서(注書)를 아울러 이르던 말이다.

288 홍문관(弘文館)의 별칭으로 삼사(三司: 사헌부·사간원·홍문관)의 하나이다. 정삼품아문(正三品衙門)이며 궁중의 경적(經籍)을 관장하고 문한(文翰)에 전력(專力)하며 국왕의 자문에 대비하는 일을 맡는다.

289 사간원(司諫院)의 별칭으로 왕에 대한 간쟁(諫諍), 경연과 서연(書筵)의 참석, 왕권을 견제하는 서경권을 담당한 관청이다. 학식이 높고 품행이 곧은 학자들이 임명되었다(정3품~정6품).

290 사헌부(司憲府)의 별칭으로 관리들을 감찰하는 일을 맡아 행하던 관청이다. 사헌부와 함께 왕권을 견제하는 서경권의 임무도 행했다(종2품).

291 좌춘방(左春坊)과 우춘방(右春坊)으로 나뉘었는데, 좌춘방은 서연에 관한 일을, 우춘방은 시종(侍從)에 관한 일을 담당했다. 동궁의 시위를 담당하던 세자시강원(世子侍講院, 정3품) 관원으로 문무관의 자손(子孫)으로 임명되었다.

292 과거에 급제한 자가 아니나 조상의 문공으로 벼슬을 얻은 자손.

293 서울 안의 각 군영의 우두머리 장수, 즉 대장을 뜻한다.

294 조선 시대의 무관직. 오위도총부(五衛都摠府)의 도총관(都摠管, 정2품)과 부총관(副摠管, 종2품)을 총칭한 말이다.

295 정2품인 병마절도사(兵馬節度使)와 수군절도사(水軍節度使)를 예스럽게 부르던 말이다. 조선 시대에는 특히 함경·평안 양도의 병마절도사와 수군절도사를 이르는 말이었다. 이는 곤외(閫外), 즉 문지방 밖, 대궐 밖의 신하라는 뜻의 '곤외지신(閫外之臣)'에서 나온 말로, 대궐 밖의 모든 것을 맡긴다는 뜻에서 변경(邊境)으로 나가는 장군을 이르는 말이 되었다.

296 왕에게 올리는 보고서[奏本]에 참조할 수 있도록 첨부한 문서이다. 입참자의 관직명과 이름이 적혀 있다.

297 『갑자진연의궤』 권1, 계사질 1744년 10월 6일.

298 궁중의 잔치나 제례에 참여하던 일이다.

299 『갑자진연의궤』 권1, 계사질, 1744년 10월 6일, 10월 7일.

300 1706년(숙종 32) 8월 숙종의 재위 30주년을 기념해 창덕궁 인정전에서 거행된 외연의 반열의 배치를 그린 <인정전진연지도(仁政殿進宴之圖)>(서울대규장각한국학연구원 소장)는 『국조속오례의(國朝續五禮儀)』를 준거로 한 '숭정전갑자진연'이후 외연의 전범이 되었다.

301 의식(儀式)을 행할 때 규례에 따라 정한 절하는 자리이다.

302 음식이나 기물(器物) 따위를 쭉 차려 베풂을 뜻한다.

303 대개 주례(酒禮)를 베푼 것은 술 마시는 것을 숭상함은 아니다. 신명을 받들고 손님을 대접하며 나이 많은 자를 부양하기 위한 것이다. 그런 까닭에 제사 때에 술 마시는 것은 술잔을 올리고 술잔을 돌려주고 하는 것으로 절차(節次)를 삼고, 회사(會射) 때에 술 마시는 것은 읍양(揖讓)하는 것으로 예를 삼는다(http://www.culturecontent.com).

304 중추부(中樞府: 서반의 종1품아문. 문무당상관으로 소임 없는 자들을 소속시켜 대우하던 기관)에 둔 종1품 관직인 판사(判事)이다. 행(行)은 실직보다 품계가 높을 때 붙인다.

305 신임옥사와 정미환국에 관련된 노론 인사이다. 영조의 탕평책에 반대해 파직되었다가 1730년 복직했다.

306 왕족으로 영조의 신임이 두터웠으며 탕평책에 크게 기여한 인물로 알려져 있다.

307 1662년(현종 3)에 효종의 딸 숙녕옹주(淑寧翁主)와 결혼했다. 영조는 그의 장수(長壽)를 치하해 1738년(영조 14)에 시를, 1741년(영조 17) 오언시와 궤장을 내렸다. 1747년(영조 23) 96세의 나이로 죽자 영조는 그의 효행을 치하한 정문(旌門)을 세웠다.

308 1732년(영조 8) 영조의 둘째 딸 화순옹주(和順翁主)에게 장가 간 부마로 추사 김정희의 증조부이다. 화순옹주는 제1후궁 정빈 이 씨의 소생이다.

309 1738년(영조 14) 영조의 셋째 딸 화평옹주(和平翁主)에게 장가 간 부마이다. 화평옹주는

제2후궁 영빈 이 씨의 소생이며 사도세자의 친누나로 영조의 깊은 사랑을 받았다.

310 갑자진연을 총괄한 진연청의 당상(堂上) 3명 중 하나이다. 나머지는 행의정부우참찬 조관빈, 예조판서 이종성이다.

311 1743년(영조 19) 화협옹주(和協翁主)에게 장가 간 부마이다. 화협옹주 역시 제2후궁 영빈 이 씨의 소생이나 사도세자와 함께 영조의 미움을 받았다.

312 『영조실록』 60권, 1744년(영조 20) 10월 7일 1번째 기사, 『갑자진연의궤』 권1, 계사질 1744년 9월 12일. 진작재신(進爵宰臣)은 승정원에서 결정했다.

313 앉은 자리의 차례를 뜻한다. 외국 사신을 맞이하거나 연향·장례 등을 행할 때 또는 정사(政事)를 의논하는 회좌(會座) 때에 각 관료들이 지위의 고하에 따라 앉는 차례를 일컫기도 한다.

314 대육[大肉: 사축서(司畜署: 조선 시대 잡축을 기르는 일을 관장하기 위해 설치했던 관서)에서 기른 돼지고기] 1근과 삶은 닭을 감했다(『갑자진연의궤』 권2, 감결질 1744년 9월 24일, 『갑자진연의궤』 권2, 「이방의궤」 1744년 10월 7일). 대육은 돼지고기 1근(또는 3근)에 닭고기 반마리[半首]를 더한 것과 같게 취급되었다.

315 종이로 만든 꽃으로 연향에서 장식용으로 썼다. 『갑자진연의궤』에 따르면, 사화봉(紗花鳳: 비단으로 만든 각종 조화)은 가례·진연·진찬 등 각종 연향에 올리지 못하고 대신 지화를 사용하도록 했다(국립고궁박물관 엮음 2013, 283). 이러한 상화(床花)는 음식을 받는 사람에 대한 최고의 예우를 뜻한다.

316 주칠반, 호족반, 원반 등 궁중에서 사용하는 소반 모두를 지칭한다. 대개 주칠이거나 주칠과 흑칠이 섞여 마감된다.

317 <그림 21> 참조. 천판[上板]이 둥근 형태의 독상용(獨床用) 상(床)으로 두레반, 원형소반(小盤), 원형상(床)이라고도 한다. 산지·형태 등에 따라 60여 종이 있다. 천판과 하단이 한 덩어리로 되어 있거나 두 덩어리를 이어 붙여 만든 것 등 두 종류가 있다. 대개 상하가 붙어 있는 것은 소나무나 피나무를 사용해 커다란 길이를 녹로에 축을 맞춰 돌려 깎는데, 크기가 30~40㎝ 정도이다. 궁중용 원반은 천판이 접시형 입술이며 지름이 넓은 것이 있다(박영규 2005 참조).

318 Georg Simmel 1910; 게오르그 짐멜/김덕영 2005, 146.

319 많은 사람이 앉거나 공연[呈才]을 위해 마루 따위를 넓게 쓰도록 임시로 좌판을 잇대어 깐 덧마루이다.

320 전내의 2품 이상과 전외의 3품에 해당하는 참연제신.

321 전정의 3품 이하 참연제신.

322 『갑자년계병등록(甲子年稧屛謄錄)』(서울대 규장각 소장)은 갑자진연 후에 기로소에서 만

든 ≪기사경회첩≫과 종친부(宗親府)에서 조성한 계병·계축의 제작 경위 및 내역에 대한 상세한 기록이다. 여기에 따르면, 종친부는 종친부의 저축으로 병풍 4좌와 족자 36건을 만들어, 진참(進參)했던 종친들과 (종친부)의 낭청에게 족자 1건씩을 나눠 주고, 병풍은 당상 3명에게 올렸으며 종친부에 1좌를 보관했다. 11월에 병풍과 족자의 물건(物力)이 마련되었다(박정혜 2000, 78). 이렇게 볼 때 <숭정전갑자진연도병>은 종친부가 주축으로 제작한, 2품 이상 '승전자'들만의 '기억 만들기(memory-making)'라고 할 수 있다.

323 <그림 22>와 같이 반찬 따위의 음식을 차려 놓는 데 쓰는 높고 큰 상으로, 1827년 『자경전찬진작정례의궤(慈慶殿饌進爵正禮儀軌)』에 따르면 '발높은상[高足床]'으로 의자에 앉아서 상을 받을 수 있도록 제작한 것이다(한국정신문화연구원 편 2007, 390-각주 241).

324 연례상(宴禮床)이나 의례상(儀禮床: 제상·큰상) 차림을 할 때 원통형으로 음식을 높이 괴어 올리는 솜씨를 뜻한다.

325 유밀과(油蜜菓)나 과자(菓子)를 말한다.

326 『갑자진연의궤』 권2, 품목질 1744년 9월 14일.

327 서울 이외의 지역.

328 갑자진연 당시 대사헌이던 김유경은 탕평책에 반대하는 노론계의 소장 세력을 옹호하다 파직된 상태였다.

329 당시 69세로 노론계에 속한다.

330 당시 71세로 노론계에 속한다.

331 당시 76세로 파붕당(破朋黨)을 주장한 인물이다.

332 벼슬 앞에 붙이는 행(行)은 높은 품계의 관리가 낮은 직급의 벼슬에 체임될 시 붙였다.

333 당시 71세로 1744년 기로소에 입소했다.

334 양로연은 공경의 의미를 실천하는 덕을 갖춘 국가가 작동하고 있음을 재현하는 일종의 매체였다(파울 슈티히/황대현 2007, 26).

335 2품 이상의 당상관과 사헌부·사간원의 수직(首職)들이 추천해 뽑던 청렴한 벼슬아치이다.

336 종2품 이상으로 70세가 되어 퇴임(退任)한 관리에게 전직 예우로 특별히 내린 벼슬이다. 실무(實務)에는 종사하지 않고 국가 의식(儀式) 때에만 조복(朝服)을 입고 출사(出仕)했다. 종신토록 신분 상당의 녹봉(祿俸)과 『경국대전』에 따라 매월 술, 고기, 곡식, 어물, 소금, 땔감, 숯 등을 받았다.

337 『주역(周易)』: 수괘(需卦)는 구름을 상징하는 감(坎, ☵)과 하늘을 상징하는 건(乾, ☰)이 합해진 괘로 음식을 만들 때 김이 피어올라 하늘로 올라가는 상(象)이 있다. 이 때문에 수괘 상전(象傳)에 "구름[雲: 김]이 하늘로 올라가는 것이 수괘이니, 군자가 이것을 보고서 음식을 만들어 먹으며 즐긴다" 했다.

338 조선 후기의 봉조하 남구만(1629~1711)은 임금이 음식을 하사하자 자신이 늙어 봉조하의 임무조차 수행 못하니 받을 자격이 없다는 상소를 올릴 정도로 성은(聖恩)에 망극해 했다(『약천집(藥泉集)』 제12권, 소(疏), 7월 27일: 하사해 주신 각종 물건과 제일과(第一科) 녹패(祿牌)를 사양한 상소).

339 이하 영조와 기로당상들의 대화는 『영조실록』 60권, 1744년(영조 20) 10월 7일 1번째 기사 참조.

340 갑자진연이 끝난 후, 종친 이하에게 과격지(裹隔紙: 켜와 켜 사이에 끼우는 기름종이)로 남은 음식을 싸고, 다시 청색 보자기[靑褓]에 싸서 가는 노끈[小索]으로 묶어 집에 가져가도록 하는 것을 말한다(『갑자진연의궤』 권2, 「이방의궤」 1744년 10월 7일).

341 노인에게 착한 가르침을 구함.

342 자만심을 누르고 경계해 삼감.

343 신하가 임금에게 이변(異變)에 대해 경계하고 두려워하라는 뜻으로 상소(上疏)하는 것으로, 편안할 때에 위망(危亡)을 잊지 않는다는 뜻이다.

344 놀면서도 자신이 해야 할 일을 잊지 말라는 내용으로 모두 3장(章)으로 구성되어 있다. 요(堯)임금의 나라 당(唐)은 요임금의 유풍(遺風)에 힘입어 근면과 검소함을 중히 여기는 풍습이 있어 민간에는 자신의 분수를 지키고 경계해야 한다는 이런 노래가 널리 퍼져 불렸다고 한다.

345 진작재신인 영성위 신광수의 아버지로 영조와 사돈 관계이다.

346 임금의 잘못을 간(諫, 충고)하는 벼슬아치로 사간원(司諫院)과 사헌부(司憲府) 관리의 총칭이다.

347 특별 승진을 뜻한다.

348 『모시서(毛詩序)』에서는 춘추(春秋)시대 노(魯)나라의 임금인 희공(僖公)의 검소함이 예절에 어긋나기 때문에 이 시(詩)를 지어 그에게 시절(時節)에 따라 예절을 갖추어 즐길 것을 풍자한 것이라고 한다.

349 세자를 모시고 경사(經史)를 강독(講讀)하며 도의(道義)를 바르게 계도(啓導)하는 일을 관장한 부서이다.

350 신임옥사의 주동 인물인 소론계로 탄핵되었다가 1736년(영조 12) 대사헌으로 임용된 후 기로당상이 되었다.

351 "귀뚜라미가 당(堂)에서 울고, 한 해가 어느덧 저물어 가네. 지금 우리가 즐기지 않으면, 세월이 덧없이 흘러가리라. 그렇다고 지나치게 즐겨서는 아니 되리. 맡은 직분을 생각해 즐기며 놀되, 방탕에 빠져서는 아니 되니, 단정한 선비는 살피고 또 살핀다네(김종수 역주 2017, 29)."

352 원래 기로연은 예조(禮曹)에서 주관하며 본 행사 하루 전 준비해 '당일 임금도착-임금께 4배-투호놀이-5작-소선-대선-임금께 4배-종료'로 진행된다. 기로소로 돌아온 후에는 하사받은 정재여령(呈才女伶)과 악공(樂工)으로 사악(賜樂)이 베풀어졌다.

353 ≪기사경회첩≫이 준수한 ≪기사계첩≫의 <봉배귀사도(奉盃歸社圖)>와 동일한 양식이다. 이하 그림에 대한 설명은 박정혜 2013, 77-80 참조.

354 연향 등에서 박을 들고 음악을 지휘하는 전악이다.

355 당악기(唐樂器)의 하나로 다리가 4개 달린 받침대 위에 올려놓은 북이다.

356 조선 시대 종2품 이상의 관원이 타던 높은 외바퀴 수레로 명거(命車)·목마(木馬)·초거(軺車) 등 여러 이름이 있다.

357 기로연은 예조판서가 주관자가 되고 왕명을 받드는 승지가 특별히 파견되어 감독했다. 이날의 공으로 3명은 각각 숙마(熟馬) 1필을 상으로 받았다[『갑자진연의궤』 권1, 계사질 10월9일 비망기(備忘記)].

358 앞뒤를 각각 두 사람이 어깨에 메게 되어 있는 뚜껑이 없는 작은 가마이다.

359 영조의 입사 다음 날 노인추은(老人推恩)으로 자헌대부(資憲大夫, 정2품하계)에 승좌되어 입사했다.

360 고려 말부터 조선 시대까지 문무백관(百官)이 관복(官服)에 착용하던 관모이다.

361 연향 후 진찬반화의 꽃을 신하들이 사모에 꽂고 돌아가는 풍속이 있다.

362 당시 기로소는 광화문 육조(六曹)거리 끝(현 서울시 세송도 149~150번지)에 위치했다.

363 사연(賜宴)은 나라에서 잔치를 베풀어 줌 또는 그 잔치를 뜻한다.

364 ≪기사경회첩≫이 따른 ≪기사계첩≫의 <기사사연도(耆社私宴圖)>와 같은 양식이다.

365 영조와 사돈 관계이고, ≪기사경회첩≫에 수록된 기로신들의 초상화의 순서에서도 이의현의 다음이다.

366 조선 시대 사간원(司諫院)의 정6품직이다.

367 각 신분 등의 정확한 구별이 어렵다(박정혜 2013, 80.)는 견해도 있으나, 기로제신의 적장자손이 함께 참석하는 기로연의 관례와 당시의 여러 정황이나 복식 등으로 추정해 볼 수 있다.

368 서울과 외방의 국가기관에서 신역으로 악가무를 하는 여자 악인(樂人)으로 별칭은 여공인(女工人), 기악(妓樂), 여기(女妓), 기생(妓生), 창기(娼妓) 등이다.

369 『영조실록』 60권, 1744년(영조 20) 10월 7일 1번째 기사.

370 70세 이상으로 2품 이상인 종친(宗親)을 위한 양로연이다. 왕은 술과 1등사악(賜樂: 악사 1명, 여기 20명, 악공 10명)을 내린다.

371 조선 시대의 통금은 이경(二更, 밤10시)부터 오경(五更, 새벽4시)까지로 이경에는 종각의 종을 28번 쳐 알렸고[人定], 오경에는 다시 33번을 쳐 해제했다[罷漏].

372 갑자진연에서 무질서하거나 떠드는 행동은 물론 참석자가 아닌 자가 몰래 들어오는 일 등은 지엄한 곳에서 결례가 되며 나라의 기강을 흔드는 것이므로 엄중 문책할 것임을 밝혔다(『갑자진연의궤』 권2, 품목질 1744년 9월 27일).

373 담로는 가득하게 내린 맑은 이슬이란 뜻으로 『시경』 소아(小雅)의 편명이다. 여기에 "많은 이슬이 내렸으니 햇볕이 아니면 마를 수 없네. 질탕하게 밤에 술 마시니 취하지 않으면 돌아가지 않으리라"라고 한 바, 이는 천자(天子)가 제후(諸侯)를 연향한 시(詩)라 했다.

374 영조를 시위(侍衛)한 사직[司直: 오위(五衛)에 속했던 정5품 무관직] 권적(權䙗)이 취한 상태에서 시를 지어 나와 아뢨다. 이에 승지가 그를 추국하자고 청했으나, 영조는 허락하지 않았고 오히려 녹비(鹿皮)를 상으로 내렸다(『영조실록』 권60, 1744년(영조 20) 10월 7일 1번째 기사).

375 영조는 음식을 정치적으로 이용하는 데 능한 왕이었다. 가령 수라를 물리쳐[却膳] 신하들을 압박하거나, 아니면 수라를 들다가 신하와 함께 나눠 먹자고 권유하기도 했다(주영하 2014, 159-161 참조).

376 사물(임금이 하사하는 물건), 공궤(연장자에게 음식을 대접), 가자(특별승진)는 경로사상 및 장자(長子)예우를 위해 기로연에서 왕이 베푸는 행위들이다.

377 조선 시대 종실제군(宗室諸君)의 봉작(封爵)·승습(承襲)·관혼상제 등의 사무를 보던 관서로 한성부 북부 관광방(觀光坊, 현 종로구 삼청동)에 있었다. 종친부 옆에는 부마의 인사 문제를 관장하는 의빈부(儀賓府)가 있어 종실의 사무가 편하도록 했다.

378 『영조실록』 60권, 1744년(영조 20) 10월 7일 1번째 기사.

379 정일품아문(正一品衙門)으로 조선 중기 이후 군사 업무를 비롯해 정치·경제의 중요 문제를 토의하던 문무합의기구이다. 주사(籌司)로도 불렸다.

380 단단히 타일러서 경계함.

381 『영조실록』 60권, 1744년(영조 20) 10월 7일 1번째 기사.

382 T. Insoll (ed) 2011, 179-194 참조.

383 연향은 종척이 주빈일 경우 친족 공동체(kin and communal)의 함께 먹기가 되며 절기에 따른 진연일 경우 의식적(ceremonial) 함께 먹기로 볼 수 있다.

384 백성들과 더불어 즐거움을 함께한다는 뜻이다. 왕이 백성들에게는 고통을 주면서 자기만 즐긴다면 백성들이 반발하겠지만, 백성들과 즐거움을 함께한다면 왕이 즐기는 것을 함께 기뻐할 것이라는 말이다[『맹자』 「양혜왕장구(梁惠王章句)」, 하편(下篇)]. 여기서 유래해 항상 백성을 중심으로 동고동락하는 통치자의 이상적인 자세를 비유하는 말로 사용된다.

연향(宴享)의 '함께 먹기'로 본

영조의 식사정치

초판 인쇄	2020년 4월 23일
초판 발행	2020년 4월 30일
지은이	엄소연
발행인	김인철
총괄·기획	윤성우 Director, University Knowledge Press
편집장	신선호 Executive Knowledge Contents Creator
기획·물류	이현진 Planning Expert
사전·전자책	장혜린 Contents Creator
도서편집	이병철 Contents Creator
	이근영 Contents Creator
재무관리	하누리 Managing Creator
발행처	한국외국어대학교 지식출판콘텐츠원
	02450 서울특별시 동대문구 이문로 107
	전화 02)2173-2493~7
	팩스 02)2173-3363
	홈페이지 http://press.hufs.ac.kr
	전자우편 press@hufs.ac.kr
	출판등록 제6-6호(1969. 4. 30)
디자인·편집	(주)피플커뮤니케이션 02)733-9008
인쇄·제본	(주)트윈벨미디어 02)2088-1810

ISBN 979-11-5901-781-0 (94080)　　　　정가 15,000원
978-89-7464-832-9 (SET)

*잘못된 책은 교환하여 드립니다.

HUiNE 은 한국외국어대학교 지식출판원의 어학도서, 사회과학도서, 지역학 도서 Sub Brand이다. 한국외대의 영문명인 HUFS, 현명한 국제전문가 양성(International +Intelligent)의 의미를 담고 있으며, 휴인(携引)의 뜻인 '이끌다, 끌고 나가다'라는 의미처럼 출판계를 이끄는 리더로서, 혁신의 이미지를 담고 있다.